圓頓心要

當知生死本空由悟方覺。涅槃本有以迷罔知。
或不能洞悟自心。而欲決了生死。
是猶不除薪火而欲鼎之不沸。

玄妙法師——著

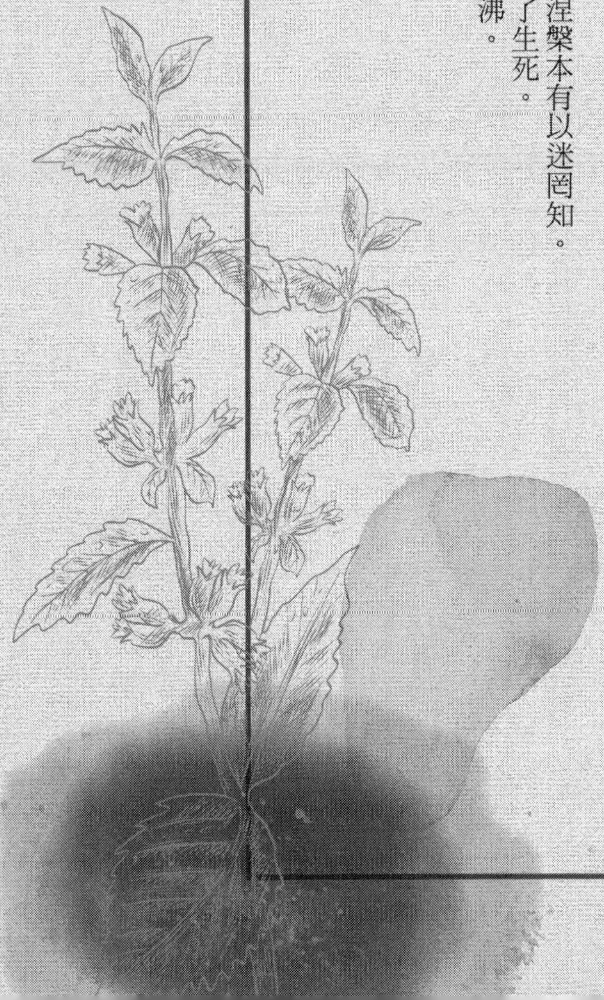

正法眼藏袖珍本出版贅言

法本法無法
無法法亦法
今付無法時
法法何曾法

佛教的傳入中土，絕不是偶然的，而是具有深刻的社會與思想因素。一般認爲《魏略．西戎傳》中所說：西漢哀帝元壽元年（西元前二年）大月氏使者伊存來華，口授博士弟子景盧以《浮屠經》，是佛教傳入中土的開始。也有據《廣弘明集》卷一所引《吳書》的記載，認爲是東漢明帝永平十年（西元六十七年）西域僧人迦葉摩騰和竺法蘭應漢使者蔡愔之邀，用白馬馱經到洛陽，明帝並因此建立了中國第一所佛寺「白馬寺」，是佛教傳入中土的開始。但可確定的是：中國第一部翻譯的佛教經典《四十二章經》便是迦葉摩騰和竺法蘭在白馬寺譯成的。

佛教經典原來都是印度古老的梵文，從東漢明帝到現在將近二千年，經過歷代華梵高僧大德譯成漢文的多達一萬五千卷，這些佛經分爲經、律、論，稱之爲三藏聖典，總稱「大藏經」，其數量之大足以與清修的四庫全書相比，是中國翻譯史上最浩大的工程，且其對中國歷史文化的影響也是無與倫比的。

由於佛經的大量翻譯，使中國的文化取得了新的養分，開創了新的境界，因爲佛教除了作爲宗教勢力在社會上流行外，其所蘊含的思想也深深的影響了中國的哲學、文學、藝術。

而這些佛經的翻譯，初期大多數是藉助東來弘法的梵僧，然後隨著佛教的發展，魏晉時期，中土的沙門也開始西行求法，到了隋唐，則是佛經漢譯的顛峯時期，不只卷帙繁多，更是人才輩出，最著名的則是梵僧鳩摩羅什及唐僧玄奘二位大師了。然而這些經典，不論是梵僧負經而來，或是中土高僧西行求取，皆是歷盡艱難。我們今天有此因緣，展讀這些經書，更應感到珍惜，且應以虔敬之心將它推廣。

圓明出版社成立之初，即本著恪遵真諦之心，冀求以佛家思想改善社會的風氣，整理出版一些適合現代人閱讀的佛學書籍，然而「離經一字，即同魔說。」況且，古賢大德所譯經典，文筆優美，典雅簡潔，深具文學價值，因此根據原典，聘請專人詳加標點，重新編排，以適合現代人隨身檢讀，並藉此喚醒社會大衆對佛學之興趣；唯人微德薄，還請諸方大德惠予指正，共同爲弘揚佛法而努力，是我佛之幸，全民之幸。

中華民國八十年二月

圓頓心要目錄

圓頓心要引言

本書完全出自佛經祖語。乃余歷年閱藏撮要摘錄彙集而成者。雖滄海自多遺珠。掛一難免漏萬。然要皆言言直指心性。句句悉契真宗。確是諸佛諸祖之秘要法藏。所冀今賢後哲。見者聞者。皆成圓頓之種。速獲一乘之法。共續大覺慧命。同報如來慈恩也。

中華民國四十一年歲次壬辰元月望日釋玄妙書於臺北內湖圓覺寺關房中

例言

一、本書所集關於啓悟修證方面者居多。但書末拾餘頁之文。自佛說如幻三昧經等節出，是示無修無證。在明道後。保任溫養之用。幸勿疏忽。

一、此册係從歷年所集而成。故其次序。皆依集時之先後。以爲章次。讀者諒之。

一、本書第二次翻印時。在宗鏡錄一百卷中。再選四十九篇。增入宗鏡錄節出之內。又於諸祖語錄中。重選增入二十二篇。特此聲明。

一、天目中峯和尚廣錄節出

1　學道須具足五種正信。第一要信自己方寸心中。一箇喜怒哀樂底主人翁觀體與三世諸佛不欠一毫髮。第二要信從無量刧來與聲色愛憎。染習流注結成一種生死無常。於四大身中念念遷流新新不住。第三要信古人垂慈留下一言半句如倚天長劍。等閑拶透端的會斷人命根。第四要信日用工夫但恐不做。做之不已念念精專決有透脫之期。第五要信生死無常不是小事。若不奮決定志以期獨脫。其三途苦趣曾無自免之方也。又有三法爲進道之捷徑。一智眼明。二理性通。三志堅固。智眼明、則照破世間身心現量境界。一切是非憎愛取捨得失貧富壽夭苦樂等法。皆是夢緣了無實義。而不起分別。理性通、則於從上佛祖所說語言名相。至於三教聖賢諸子百家差別法要。會歸一源不生異見。志堅固、則從今日至未來際不問近遠。若不徹證決定不休。此三法具一而缺二三。只成箇無事漢。具二而缺一三。只成箇伶俐漢。具三而缺一二。只成箇擔板漢。當知此道如涉千里之修途。若具一二而缺三。是由九百里而止者。具一三而缺二。終不免其岐泣。具二三而缺一。吾知其觸途成滯必矣。三法全具雖未動足。敢保其與已到家者不相異也。豈待其重問迷津而再搖鞭影乎。

2　學者未有不言爲生死事大者。逮叩其何爲生死。例是茫然無所加對。或有謂以其不知所以致問。即從容告之曰。爾既不知生死爲何等事。今發心爲生死得無妄乎。夫生死事大。苟不知生死之理徒加參學。譬如辟穀之人遺其耕穫。雖勉從命令將不旋踵而退惰矣。何則。辟穀既忘飢餒。而禾黍亦何所用哉。猶學者既昧生死之端緒。則參學亦奚以爲。或者强謂。生不知來死不知去是謂生死。斯實狂言。縱使知來知去。即其所知宛是生死。以生死脫生死無是理也。須知生死元無體性。因迷自心妄逐輪迴宛然成有。譬如積寒結水成冰。寒氣忽消。冰復成水。積迷於心妄結生死。所迷既悟心體湛然。欲覓生死如睡覺人求夢中事。安有復得之理。當知生死本空由悟方覺。涅槃本有以迷罔知。或不能洞悟自心。而欲決了生死。是猶不除薪火而欲鼎之不沸。理豈然哉。了生死莫親於悟心。悟心莫先於立志。忘寒暑廢寢食空情妄。此一念子於動靜處。如堅兵嚴城之不可犯。閱古人話之正志。如是壁立萬仞。則開悟可坐立而待。既悟已不但死生之空寂。雖涅槃亦無地可寄。如其不爾。奈何生死與迷妄交結。遠從曠劫至未來際。其流轉無絲髮之間。謂生死事大。豈虛語哉。

3 心不迷不墮生死。業不繫不受形質。愛不重不入娑婆。念不起不生業累。蓋因迷起妄。由妄生執。順其所執。則愛之之念紛然而興。逆其所執。則憎之之習勃然而起。愛憎之情作。則死生之跡動轉遷流。新新不住。念念相續。以至一剎那間具八百生滅。豈待百年氣泯然後爲生死者哉。原其所迷初無自性。亦無起處。只是自家遠從曠劫以至今生。良由不體道本。失卻自心而致然也。今日要得此心不爲迷妄所惑。別無方便。但單單提起箇死了燒了那箇是我性。十二時中如金剛利劍在手相似。最先向八識田中盡力一揮。如斬一握絲一斬一齊斷。眼之所見既斷。耳之所聞亦斷。乃至鼻舌身意香味觸法同時俱斷。過去事已斷。現在事今斷。未來事當斷。遍搜胸中無可斷者。和箇斷者亦斷。斷者既斷。斷亦不立。斷既不立。則盡法界皆是自心。中無能斷。無能斷。無所斷。能所既無。則見聞覺知無地可寄。到這裡。即是從上諸佛菩薩善知識放身捨命處。亦是大休歇大解脫大安樂之地。亦是不離世間而成就出世間之三昧。此三昧入手。

覓箇愛底亦不可得。覓箇憎底亦不可得。於不可得處。回觀世間諸有爲相儼如昨夢。如教中謂。淨極光通達。寂照含虛空。卻來觀世間。猶如夢中事。如今人箇箇明知此事如夢。雖正說時和箇說底亦在夢中。何況說久聲消情隨境變。三界夢宅役役不停。苟不能奮起大精進勇猛志力。於此大夢宅中。極力一跳跳出。向白日青天之下。披襟一笑以快平生。決定以夢入夢輾轉攀緣。隨逐妄塵墮入無間。豈不孤負積劫以來。諸佛菩薩爲你所下之般若菩提種子乎。你若非具此深厚種子。安得今生居富貴中處十善家。以至操心入道袈裟著身爲佛後裔。今日到這裡。家已出了。僧已爲了。善知識已見了。道已聞了。其所欠者。但只要力行一遍而親到一回爲諦當耳。況是年齒未艾色力尚充。或不趁身强體健之際。做一氣直走到家。眨眼便是無常。老病相催趲也。到那時手忙腳亂。咎將誰歸。將箇盡平生底所貪所愛所恚所痴。一齊點檢總用不著。反爲其所障礙。繫縛蒙蔽輾轉流浪。孤負勝因。爲無慚人。佛所訶斥。當知輪迴三有出沒四生。孤露竛竮受苦無間。於此復何所戀。而不超然獨脫。豈有志者之所爲哉。

二、大慧普覺禪師語要節出

1　師云。昔李文和都尉。在富貴叢中參得禪。大徹大悟。楊文公參得禪時。身居翰苑。張無盡參得禪時。作江西轉運使。只這三大老。便是個不壞世間相而談實相底樣子也。又何曾須要休官罷職。避喧求靜。然後入枯禪鬼窟裡作妄想。方得悟道來。不見龐居士有言。但自無心於萬物。何妨萬物常圍繞。鐵牛不怕師子吼。恰似木人見花鳥。木人本體自無情。花鳥逢人亦不驚。心境如如只這是。何慮菩提道不成。在世俗塵勞中。能不忘生死事。雖未即打破漆桶。然亦種得般若種智之深。異世出頭來。亦省心力。不至流落惡道。大勝躭染塵勞。不求脫離。謂此事不可容易。且作歸敬信向處。似此見解者不可勝數。士大夫學道。與我出家兒大不同。出家兒父母不供甘旨。六親固已棄離。一瓶一鉢。日用應緣處。無許多障道底冤家。一心一意體究此事而已。士大夫開眼合眼處。無非障道底冤魂。若是個有智慧者。只就裡許做工夫。淨名所謂塵勞之儔。爲如來種。怕人壞世間相而求實相。又設個喻云。譬如高原陸地。不生蓮花。卑濕污泥。乃生此花。若就裡許如楊文公李文和張無盡三大老打得透。其力勝我出家兒幾十倍。何以故。我出家兒在外打入。士大夫在內打出。在外打入者其力弱。在內打出者其力强。强者謂所乖處重而轉處有力。弱者謂所乖處輕而轉處少力。雖力有强弱。而所乖則一也。

2　師云。有妙道者問雲門。此心此性。迷悟向背如何。乞省要處指示。雲門良久不答。妙道再問。雲門笑曰。若論省要處。則不可指示於人。若可指示。則不省要矣。妙道曰。豈無方便令學人趣向。雲門曰。若論方便。則心無迷悟。性無向背。但人立迷悟見。執向背解。欲明此心見此性。而此心此性。即隨人顛倒錯亂。流入邪途。以故佛魔不辨。邪正不分。蓋不了此性此心之夢幻。妄立二種之名言。以向背迷悟爲實。認此心此性爲真。殊不知若實若不實。若妄若非妄。世間出世間。俱是假言說。故淨名云。法不可見聞覺知。若行見聞覺知。是則見聞覺知。非求法也。又古德云。若取自己自心爲究竟。必有他物他人爲對治。又佛謂富樓那曰。汝以色空相傾相奪於如來藏。而如來藏隨爲色空。周遍法界。我以妙明不滅不生合如來藏。而如來藏惟妙覺明。圓照法界。如來藏即此心此性也。而佛權指色空相傾相奪爲非。以妙明不滅不生爲是。此兩段是藥語。治迷悟二病。非佛定意也。爲破執迷悟心性向背爲實法者之言耳。不見金剛藏菩薩曰。一切三世。惟是言說。一切諸法。於言說中無有依處。一切言說。於諸法中亦無依處。苟迷悟見亡。向背解絕。則此心洞明如皎日。

此性寬廓等虛空。當人腳跟下。放光動地。照徹十方。睹斯光者。盡證無生法忍。到恁麼時。自然與此心此性默默相契。方知昔本無迷。今本無悟。悟即迷。迷即悟。向即背。背即向。性即心。心即性。一道清淨平等。無有平等不平等者。皆吾心之常分。非假於他術。既得恁麼。亦是不得已而言之。不可便以爲實。若以爲實。則又是不識方便。認定死語。重增虛妄。輾轉惑亂。無有了期。到這裡無你用心處。不若知是般事。撥置一邊。卻轉頭來看馬大師即心即佛非心非佛。不是心、不是佛、不是物。趙州庭前柏樹子。雲門須彌山。大愚鋸解稱鎚。汾州莫妄想。俱胝豎指頭。畢竟是何道理。此乃雲門之方便也。妙道思之。

三、初祖達磨大師安心法門

1　迷時人逐法。解時法逐人。解時識攝色。迷時色攝識。但有心分別計較自心現量者。悉皆是夢。若識心寂滅無一動念處。是名正覺。問。云何自心現量。答。見一切法有。有不自有。自心計作有。見一切法無。無不自無。自心計作無。乃至一切法亦如是。並是自心計作有。自心計作無。又若人造一切罪。自見己之法王。即得解脫。若從事上得解者。氣力壯。從事中見法者。即處處不失念。從文字解者。氣力弱。即事即法者深。從汝種種運爲跳踉顛蹶悉不出法界。若以法界入法界。即是癡人。凡所有爲。皆不出法界心。何以故。心體是法界故。問。世間人。種種學問。云何不得道。答。由見己故。所以不得道。己者。我也。至人逢苦不憂。遇樂不喜。由不見己故。所以不知苦樂。由忘己故。得至虛無。己尚自亡。更有何物而不亡也。問。說法既空。阿誰修道。答。有阿誰須修道。若無阿誰。即不須修道。阿誰者。亦我也。若無我者。逢物不生是非。是者我自是而物非是也。非者我自非。而物非非也。即心無心。是爲通達佛道。即物不起見。是名達道。逢物直達。知其本源。此人慧眼開。智者任物不任己。即無取捨違順。愚人任己不任物。即有取捨違順。不見一物名爲見道。不行一物。名爲行道。即一切處無處。即作處。無作處。無作法。即見佛。若見相時。即一切處見鬼取相。故墮地獄。觀法故得解脫。若見憶想分別。即是鑊湯爐炭等事。現見生死相。若見法界性。即涅槃性。無憶想分別。即是法界性。心非色故非有。用而不廢故非無。又用而常空故非有。空而常用故非無。

四、馬祖道一禪師示眾

1　僧問。如何修道。師曰道不屬修。若言修得。修成還壞。即同聲聞。若言不修。即同凡夫。曰。云何即得達道。師曰。自性本來具足。但於善惡事上不滯。喚作修道人。取善捨惡。觀空入定。即屬造作。更若向外馳求。轉疏轉遠。但盡三界心量。一念妄想。即是三界生死根本。但無一念。即除生死根本。即得法王無上珍寶。

又云。道不用修。但莫污染。何爲污染。但有生死心造作趣向。皆是污染。若欲直會其道。平常心是道。何謂平常心。無造作。無是非。無取捨。無斷常。無凡聖。故經云。非凡夫行。非聖賢行。是菩薩行。即如今行住坐臥。應機接物。盡是道。道即是法界。乃至河沙妙用。不出法界。

若不然者。云何言心地法門。云何言無盡燈。一切法皆是心法。一切名皆是心名。萬法皆從心生。心爲萬法之根本。故經云。識心達本源。故號爲沙門。

2 又云。無量劫來。凡夫妄想。諂曲邪僞。我慢貢高。合爲一體。故經云。但以衆法。合成此身。起時惟法起。滅時惟法滅。此法起時不言我起。滅時不言我滅。前念後念中念。念念不相待。念念寂滅。喚作海印三昧。攝一切法。如百千異流。同歸大海。都名海水。住於一味。即攝衆味。住於大海。即混諸流。如人在大海中浴。即用一切水。所以聲聞悟迷。凡夫迷悟。聲聞不知聖心本無地位因果階級心量。妄想修因證果。住其空定八萬劫二萬劫。雖即已悟卻迷。諸菩薩觀如地獄苦。沉空滯寂。不見佛性。若是上根衆生。忽遇善知識指示。言下領會。更不歷於階級地位。頓悟本性。故經云。凡夫有反覆心。而聲聞無也。對迷說悟。本既無迷。悟亦不立。一切眾生從無量劫來。不出法性三昧。常在法性三昧中著衣喫飯言談祇對。六根運用。一切施爲。盡是法性。不解返源。隨名逐相。迷情妄起。造種種業。

五、六祖惠能大師示眾

1　師示衆云。善知識。一行三昧者。於一切處。行住坐臥常行一直心是也。如淨名經云。直心是道場。直心是淨土。莫心行諂曲。口但說直。口說一行三昧。不行直心。但行直心、於一切法、勿有執著。迷人著法相。執一行三昧。直言、坐不動、妄不起心。即是一行三昧。作此解者。即同無情。卻是障道因緣。師示衆云。善知識。道須通流。何以卻滯。心不住法。道即通流。心若住法。名爲自縛。若言坐不動、是。只如舍利弗宴坐林中。卻被維摩詰訶。善知識。又有人教坐看心、觀靜。不動、不起。從此置功。迷人不會。便執成顛。如此者衆。如是相教。故知大錯。

2　師示衆云。此門坐禪。元不著心。亦不著淨。亦不是不動。若言著心。心原是妄。知心如幻。故無所著也。若言著淨。人性本淨。由妄念故。蓋覆真如。但無妄想。性自清淨。起心著淨。卻生淨妄。妄無處所。著者是妄。淨無形相。卻立淨相。言是功夫。作此見者。障自本性。卻被淨縛。善知識。若修不動者。但見一切人時。不見人之是非善惡過患。即是自性不動。善知識。迷人身雖不動。開口便說他人是非長短好惡。與道違背若著心著淨。即障道也。

3　師示衆云。善知識。何名坐禪。此法門中無障無礙。外於一切善惡境界。心念不起、名爲坐。內見自性不動、名爲禪。善知識。何名禪定。外離相爲禪。內不亂爲定。外若著相。內心即亂。外若離相。心即不亂。本性自淨自定。只爲見境思境即亂。若見諸境心不亂者。是真定也。善知識。外離相即禪。內不亂即定。外禪內定。是爲禪定。菩薩戒經云。我本性元自清淨。善知識。於念念中自見本性清淨。自修自行。自成佛道。

六、黃檗希運禪師示衆

1　我此禪宗。從上相承已來。不曾教人求知求解。只云學道早是接引之詞。然道亦不可學。情存學解。卻成迷道。道無方所。名大乘心。此心不在內外中間。實無方所。第一不得作知解。祇是說汝如今情量處。情量若盡。心無方所。此道天真。本無名字。

2　凡人多爲境礙心。事礙理。常欲逃境以安心。屏事以存理。不知乃是心礙境。理礙事。但令心空境自空。但令理寂事自寂。勿倒用心也。

3　卻觀歷劫功用。總是夢中妄爲。故如來云。我於阿耨菩提。實無所得。若有所得。然燈佛則不與我授記。又云。是法平等。無有高下。是名菩提。即此本源清淨心與衆生諸佛世界山河。有相無相。遍十方界一切平等。無彼我相。此本源清淨心常自圓明遍照。世人不悟。祇認見聞覺知爲心。爲見聞覺知所覆。所以不睹精明本體。但直下無心本體自現。如大日輪。昇於虛空。遍照十方。更無障礙。故學道人。唯認見聞覺知。施爲動作。空卻見聞覺知。即心路絕無入處。但於見聞覺知處認本心。然本心不屬見聞覺知。亦不離見聞覺知。但莫於見聞覺知上起見解。亦莫於見聞覺知上動念。亦莫離見聞覺知覓心。亦莫捨見聞覺知取法。不即不離。不住不著。縱橫自在。無非道場。

4　此心是本源清淨佛。人皆有之。蠢動含靈。與諸佛菩薩一體不異。祇爲妄想分別。造種種業果。本佛上實無一物。虛通寂靜明妙安樂而已。深自悟入。直下便是。圓滿具足。更無所欠。縱使三祇精進修行。歷諸地位。及一念證時。祇證元來自佛。向上更不添得一物。

5 但離卻有無諸法。心如日輪常在虛空。光明自然不照而照。不是省力底事。到此之時無淒泊處。即是行諸佛行。便是應無所住而生其心。此是你清淨法身。名爲阿耨菩提。若不會此意。縱你學得多知。勤苦修行。草衣木食。不識自心。盡名邪行。定作天魔眷屬。如此修行。當復何益。誌公云。佛本是自心作。那得向文字中求。饒你學得三賢四果十地滿心。也祇是在凡聖內坐。不見道。諸行無常是生滅法。勢力盡箭還墮。招得來生不如意。爭似無爲實相門。一超直入如來地。爲你不是與麼人。須向古人建化門廣學知解。誌公云。不逢出世明師。枉服大乘法藥。你如今一切時中行住坐臥。但學無心。久久須實得。爲你力量小。不能頓超。但得三年五年或十年。須得個入頭處。自然會去。爲你不能如是。須要將心學禪學道。佛法有什麼交涉。故云。如來所説皆爲化人。如將黃葉爲金。止小兒啼。決定不實。若有實得非我宗門下客。且與你本體有甚交涉。故經云。實無少法可得。名爲阿耨菩提。

6 問。佛度衆生否。師云。實無衆生如來度者。我尚不可得。非我何可得。佛與衆生皆不可得。云。現有三十二相。及度衆生。何得言無。師云。凡所有相。皆是虛妄。若見諸相非相。即見如來。佛與衆生。盡是汝作妄見。祇爲不識本心。謾作見解。纔作佛見。便被佛障。作衆生見。被衆生障。作凡作聖作淨作穢等見。盡成其障。障汝心故總成輪轉。猶如獼猴。放一捉一。無有歇期。一等是學。直須無學。無凡無聖。無淨無垢。無大無小。無漏無爲。如是一心中方便勤莊嚴。聽汝學得三乘十二分教。

一切見解。總須捨卻。所以除去所有。唯置一床寢疾而臥。祇是不起諸見。無一法可得。不被法障。透脫三界。凡聖境域。始得名為出世佛。所以云。稽首如空無所依。出過外道。心既不異。法亦不異。心既無為。法亦無為。萬法盡由心變。所以我心空故諸法空。千品萬類悉皆同。盡十方空界。同一心體。心本不異。法亦不異。祇為汝見解不同。所以差別。譬如諸天共寶器食。隨其福德。飯色有異。十方諸佛。實無少法可得。名為阿耨菩提。祇是一心。實無異相。亦無光彩。亦無勝負。無勝故無佛相。無負故無眾生相。云。心既無相。豈得全無三十二相。八十種好。化度眾生耶。師云。三十二相屬相。凡所有相皆是虛妄。八十種好屬色。若以色見我。是人行邪道。不能見如來。故祖師直指一切眾生。本心本體本來是佛。不假修成。不屬漸次不是明暗。不是明故無明。不是暗故無暗。所以無無明。亦無無明盡。入我此宗門切須在意。如此見得。名之為法。見法故名之爲佛。佛法俱無。名之爲僧。喚作無爲僧。亦名一體三寶。夫求法者。不著佛求。不著法求。不著衆求。應無所求。不著佛求故無佛。不著法求故無法。不著衆求故無僧。問。何者是佛。師云。汝心是佛。佛即是心。心佛不異。故云即心即佛。若離於心。別更無佛。云。若自心是佛。祖師西來如何傳授。師云。祖師西來唯傳心佛。直指汝等心本來是佛。心心不異。故名爲祖。若直下見此意。即頓超三乘一切諸位。本來是佛。不假修成。云。若如此。十方諸佛出世。說於何法。師云。十方諸佛出世。祇共說一心法。所以佛密付與摩訶大迦葉。此一心法體盡虛空。遍法界。名爲諸佛。理論者個法。豈是汝於言句上解得他。亦不是於一機一境上見得他。此意唯是默契。得者一門。名爲無爲法門。若欲會得。但知無心。忽悟即得。若用心擬學取。即轉遠去。若無岐路心。一切取捨心。心如木石。始有學道分。云。如今現有種種妄念。何以言無。師云妄本無體。即是汝心所起。汝若識心是佛。心本無妄。那得起心更認於妄。汝若不生心動念。自然無妄。所以云。心生則種種法生。心滅則種種法滅。云。今正妄念起時。佛在何處。師云。汝今覺妄起時。覺正是佛。可中若無妄念。佛亦無。何故如此。爲汝起心作佛見。便謂有佛可成。作衆生見。便謂有衆生可度。起心動念。總是汝見處。若無一切見。佛有何處所。如文殊纔起佛見。便貶向二鐵圍山。云。今正悟時。佛在何處。師云。問從何來。覺從何起。語默動靜。一切聲色。盡是佛事。何處覓佛。不可更頭上安頭。嘴上加嘴。但莫生異見。山是山、水是水、僧是僧、俗是俗、山河大地、日月星辰、總不出汝心。三千世界。都來是汝箇自己。何處有許多般。心外無法。滿目青山虛空世界皎皎地。無絲髮許與汝作見解。所以一切聲色是佛之慧目。法不孤起。仗境方生。爲物之故有其多智。終日說何曾說。終日聞何曾聞。所以釋迦四十九年說。未嘗說著一字。云。若如此。何處是菩提。師云。菩提無是處。佛亦不得菩提。衆生亦不失菩提。不可以身得。不可以心求。一切衆生即菩提相。云。如何發菩提心。師云。菩提無所得。你今但發無所得心。決定不得一法。即菩提心。菩提無住處。是故無有得者。故云。我於然燈佛所。無有少法可得。佛即與我授記。明知一切衆生本是菩提。不應更得菩提。你今聞發菩提心。將謂一個心學取佛去。唯擬作佛。任你三祇劫修。亦祇得個報化佛。與你本源真性佛。有何交涉。故云。外求有相佛。與你不相似。

7　即心是佛。上至諸佛。下至蠢動含靈。皆有佛性。同一心體。所以達磨從西天來。唯傳一心法。直指一切衆生本來是佛。不假修行。但如今識取自心。見自本性。更莫別求。云何識自心。即如今言語者。正是汝心。若不言語又不作用。心體如虛空相似。無有相貌。亦無方所。亦不一向是無。有而不可見。故祖師云。真性心地藏。無頭亦無尾。應緣而化物。方便呼爲智。若不應緣之時。不可言其有。無正應之時。亦無蹤跡。既知如此。如今但向無中棲泊。即是行諸佛路。經云。應無所住。而生其心。一切衆生。輪迴生死者。意緣走作。心於六道不停。致使受種種苦。淨名云。難化之人。心如猿猴。故以若干種法。制禦其心。然後調伏。所以心生種種法生。心滅種種法滅。故知一切諸法皆由心造。乃至人天地獄六道修羅。盡由心造。如今但學無心。頓息諸緣。莫生妄想分別。無人無我。無貪瞋。無憎愛。無勝負。但除卻如許多種妄想。性自本來清淨。即是修行菩提法佛等。若不會此意。縱你廣學。勤苦修行。木食草衣。不識自心。皆名邪行。盡作天魔外道。水陸諸神。如此修行。當復何益。誌公云。本體是自心作。那得文字中求。如今但識自心。息卻思惟。妄想塵勞。自然不生。淨名云。唯置一床寢疾而臥。心不起也。如今臥疾攀緣都息。妄想歇滅。即是菩提。如今若心裡紛紛不定。任你學到三乘四果十地諸位。合殺祇向凡聖中坐。諸行盡歸無常。勢力皆有盡期。猶如箭射於空。力盡還墮。卻歸生死輪迴。如斯修行不解佛意。虛受辛苦。豈非大錯。誌公云。未逢出世名師。枉服大乘法藥。如今但一切時中。行住坐臥。但學無心。亦無分別。亦無依倚。亦無住著。終日任運騰騰。如癡人相似。世人盡不識你。你亦不用教人識不識。心如頑石頭。都無縫罅。一切法透汝心不入。兀然無著。如此始有少分相應。透得三界境過。名為佛出世。不漏心相。名為無漏智。不作人天業。不作地獄業。不起一切心。諸緣盡不生。即此身心是自由人。不是一向一生。祇是隨意而生。經云。菩提有意生身是也。忽若未會無心著相而作者。皆屬魔業。乃至作淨土佛事。並皆成業。乃名佛障。障你心故。被因果管束。去住無自由分。所以菩提等法。本不是有。如來所說。皆是化人。猶如黃葉為金。權止小兒啼。故實無有法。名阿耨菩提。如今既會此意。何用區區。但隨緣消舊業。更莫造新殃。心裡明明。所以舊時見解。總須捨卻。淨名云。除去所有。法華云。二十年中。常令除糞。只是除去心中作見解處。又云。蠲除戲論之糞。所以如來藏。本自空寂。並不停留一法。故經云。諸佛國土。亦復皆空。若言佛道是修學而得。如此見解。全無交涉。或作一機一境。揚眉動目。抵對相當。便道契會也。得證悟禪理也。忽逢一人不解。便道都無所知對他。若得道理。心中便歡喜。若被他折伏不如他。便即心懷惆悵。如此心意學禪。有何交涉。任你會得少許道理。祇得個心所法。禪道總沒交涉。所以達磨面壁。都不令人有見處。故云。忘機是佛道。分別是魔境。此性縱汝迷時亦不失。悟時亦不得。天真自性本無迷悟。盡十方虛空界。元來是我一心體。縱汝動用造作。豈離虛空。虛空本來無大無小。無漏無為。無迷無悟。了了見。無一物。亦無人。亦無佛。絕纖毫的量是無依倚。無粘綴一道清流是自性。無生法忍。何有擬議。真佛無口。不解說法。真聽無耳。其誰聞乎。珍重。

七、誌公禪師大乘讚頌

1　大道常在目前。雖在目前難睹。若欲悟道真體。莫除聲色言語。言語即是大道。不假斷除煩惱。煩惱本來空寂。妄情遞相纏遶。一切如影如響。不知何惡何好。有心取相爲實。定知見性不了。若欲作業求佛。佛是生死大兆。生死業常隨身。黑闇獄中未曉。悟理本來無異。覺後誰晚誰早。法界量同太虛。衆生智心自小。但能不啓吾我。涅槃法食常飽。

2　妄身臨鏡照影。影與妄身不殊。但欲去影留形。不知身本同虛。身本與影不異。不得一有一無。若欲存一捨一。永與直理相疎。更若愛聖憎凡。生死海裡沉浮。煩惱因心故有。無心煩惱何居。不勞分別取相。自然得道須臾。夢時夢中造作。覺時覺境都無。翻思覺時與夢。顛倒二見不殊。改迷取覺求利。何異販賣商徒。動靜兩忘常寂。自然契合真如。若言衆生異佛。迢迢與佛常疎。佛與衆生不二。自然究竟無餘。

3 法性本來常寂。蕩蕩無有邊畔。安心取捨之間。被他二境迴換。斂容人定坐禪。攝境安心覺觀。機關木人修道。何時得達彼岸。諸法本空無著。境似浮雲會散。忽悟本性元空。恰似熱病得汗。無智人前莫說。打你色身星散。

4 大道不由行得。說行權爲凡愚。得理返觀於行。始知枉用工夫。未悟圓通大理。要須言行相扶。不得執他知解。迴光返本全無。有誰解會此說。教君向己推求。自見昔時罪過。除卻五欲瘡疣。解脫逍遙自在。隨方賤賣風流。誰是發心買者。亦得似我無憂。

5 聲聞心心斷惑。能斷之心是賊。賊賊遞相除遣。何時了本語默。口內誦經千卷。體上問經不識。不解佛法圓通。徒勞尋行數墨。頭陀阿練苦行。希望後身功德。希望即是隔聖。大道何由可得。譬如夢裡渡河。船師渡過河北。忽覺床上安眠。失卻渡船軌則。船師及彼渡人。兩個本不相識。衆生迷倒羈絆。往來三界疲極。覺悟生死如夢。一切求心自息。

6 衆生不解修道。便欲斷除煩惱。煩惱本來空寂。將道更欲覓道。一念之心即是。何須別處尋討。大道祇在目前。愚倒迷人不了。佛性天真自然。亦無因緣修造。不識三毒虛假。妄執浮沉生老。昔時迷日爲晚。今日始覺非早。我自身心快樂。倏然無善無惡。法身自在無方。觸目無非正覺。六塵本來空寂。凡夫妄生執著。涅槃生死本平。四海阿誰厚薄。無爲大道自然。不用將心畫度。菩提散誕靈通。所作常含妙覺。聲聞執法坐禪。如蠶吐絲自縛。法性本來圓明。病愈何須執藥。了知諸法平等。翛然清虛快樂。

7　法性本無青黃。衆生謾造文章。吾我說他止觀。自意擾擾顛狂。不識圓通妙理。何時得會真常。自疾不能治療。卻教他人藥方。外看將爲是善。心內猶若豺狼。愚人畏其地獄。智者不異天堂。對境心常不起。舉足皆是道場。佛與衆生不二。衆生自作分張。若欲除卻三毒。迢迢不離災殃。智者知心是佛。愚人樂往西方。世間諸法如幻。生死猶若雷電。法身自在圓通。出入山河無間。顛倒妄想本空。般若無迷無亂。三毒本自解脫。何須攝念禪觀。只爲愚人不了。從他戒律決斷。不識寂滅真如。何時得登彼岸。智者無惡可斷。運用隨心合散。法性本來空寂。不爲生死所絆。若欲斷除煩惱。此是無明癡漢。煩惱即是菩提。何用別求禪觀。實際無佛無魔。心體無形無段。

8　我今滔滔自在。不羨公王卿宰。四時猶若金剛。苦樂心常不改。法寶踰於須彌。智慧廣於江海。不爲八風所牽。亦無精進懈怠。任性浮沉若顛。散誕縱橫自在。若遇刀劍臨頭。我亦安然不睬。

八、清涼澄觀國師心要法門

1　至道本乎一心。心法本乎無住。無住心體。靈知不昧。性相寂然。包含德用。該攝內外。能廣能深。非有非空。不生不滅。求之不得。棄之不離。迷現量則惑苦紛然。悟真性則空明廓徹。雖即心即佛。唯證者方知。然有證有知。則慧日沉没於有地。若無照無悟。則昏雲掩蔽於空門。但一念不生。前後際斷。照體獨立。物我皆如。直造心源。無智無得。不取不捨。無對無修。然迷悟更依真妄相待。若求真去妄。如避影以勞形。若體妄即真。似處陰而影滅。若無心忘照。則萬累都捐。若任運寂知。則衆行圓起。放曠任其去住。靜鑑見其源流。語默不失玄微。動靜豈離法界。言止則雙忘知寂。論觀則雙照寂知。語證不可示人。說理非證不了。悟寂無寂。真知無知。以知寂不二之一心。契空有雙融之中道。無住無著。莫攝莫收。是非兩忘。能所雙絕。斯絕亦絕。般若現前。般若非心外新生。智性乃本來具足。然本寂不能自見。實由般若之功。般若之與智性。翻覆相成。本智之與始終。兩體雙絕。證入則妙覺圓明。悟本則因果交徹。心心作佛。無一心而非佛心。處處證真。無一塵而非佛國。真妄物我。舉一全收。心佛衆生。炳然齊致。迷則人隨於法。法法萬差、而人不同。悟則法隨於人。人人一致。而融萬境。言窮慮絕。何果何因。體本寂寥。孰同孰異。唯忘懷虛朗。消息沖融。其猶透水月華。虛而可見。無心鏡像。照而常空矣。

九、宗鏡錄節出

1　先德云。未念之時、念則未生。未生則是不有。不有之法、亦無自相。現在之念、從緣而生。念若自有、不應待緣。待緣生故、即無自體。故知心無自性、緣起即空。如欲斷其流、但塞其源。欲免其生、但斷其根。不用多功。最爲省要。故通心論云。夫縛從心縛。解從心解。縛解從心。不關餘處。出要之術、唯有觀心。觀心得悟、一切具了。是故智者、先當觀心。觀心得淨。返觀自心欺誑不實、如幻如化。躁擾不住、猶如猿猴。騰躍奔擲。又如野馬。無始無明。歷劫流浪。不知何由得出。若能如是觀心過患。又推諸境、境無自性。由見而有。不見即無。又推見處、見無自性。由心有動、不動即無。又推動心、動無自性、獨由不覺、覺則不動。又推不覺、無有根本。直是無始虛習、念念自迷。無念真心、一無所有。論云、如人迷故、謂東爲西。方實不轉。衆生亦爾。無明迷故、謂心爲動。心實不動。若能觀心、知心無起。即得隨順、入真如門。當知所有、皆是虛妄心念而生。心有即有。心無即無。有無從心、彌須自覺。勿不自覺、爲心自欺。既知心誑、更勿留心。好惡是非、一時都放、則心無住處、心無住處、則無有心。既無有心、亦無無心。有無總無、身心具盡。身心盡故泯齊萬境。萬境無相、合本一冥。冥然默照、照無不寂。以寂爲體、體無不虛。虛寂無窮、通同法界。法界緣起、無不自然。來無所從、去無所至。

2　今引宗密禪師云。即今能言語動作貪嗔慈忍造善惡受苦樂等、即汝佛性。即此本來是佛。除此別無佛。了此天真自然。故不可起心修道。道即是心性。如虛空不增不減。但隨時隨處。息業養神。自然神妙。此爲真悟。又云。諸法如夢。諸聖同說。妄念本寂。塵境本空。本空之心。靈知不昧。即此空寂之知。是汝真性。任迷任悟。心本自知。不藉緣生。不因境起。知之一字。衆妙之門。若頓悟此空寂之知。知且無念無形。誰爲我相人相。覺諸相空。心自無念。念起即覺。覺之即無。修行妙門。唯在此也。

3 信心銘云。虛明自照。不勞心力。又云。若體自無取相之知。故言無知。不是前念起知。至後念忘卻知想。然後名無知。若然者、則成無記之心。何名般若無知耶。蓋是無緣之智、照無相之境。真境無相。真智無知。境智冥一。理無不盡。鑒無不窮。可謂佛智見性也。又夫有取相之知。則心有間礙。不能垢淨同如。有無一旨。照空迷於辯有。知俗乖乎了真。不能圓照萬法。故云。有所不知也。永嘉集云。若以知知寂、此非無緣知。如手執如意、非無如意手。若以自知知、亦非無緣知。如手自作拳、非無不拳手。亦不知知寂。亦不自知知。不可爲無知。自性了然故。不同於木石。手不執如意。亦不自作拳。不可爲無手。以手安然故。不同於免角。乃至今言知者。不須知知。但知而已。則前不接滅。後不引起。前後斷續、中間自孤。當體不顧、應時消滅。知體既已滅、豁然如托空。寂爾少時間、惟覺無所得。即覺無覺、無覺之覺、異乎木石。觀和尚云。此上無緣之知。斯爲禪宗之妙。以彼但顯無緣真智、以爲真道。若奪之者、但顯本心。不隨妄心。未有智慧照了心原。故須能所平等。等不失照、爲無知之知。此知、知於空寂無生如來藏性。方爲妙耳。

4 今引楞嚴疏云。擊鐘以辯真妄者。即聞性而可真。舉聲塵而辯妄。妄若因聲有聞。此聞不離聲。若離聲有聞。此是真聞。汝今但執隨聲之聞。此聞不離於聲。只合是聲。不合是聞。若真聞性如水。不滅聲塵如風。鼓水成波。故有聞相。聲塵不起。聞相即無而聞性不滅。以性不滅。聲塵若來、還有聞相。如水不滅。若風動時。即有波相。如色真性。遍十方界。隨心感現、則有色相。此之聞性。亦復如是。故知不認自體恆常之聞性。卻徇聲塵生滅之聞相。遂乃聞讚而生喜。聞毀而起瞋。以迷本聞、故隨聲流轉。故文殊云。衆生迷本聞。循聲故流轉。阿難縱强記。不免落邪思。豈非隨所淪。旋流獲無妄。又云。旋汝倒聞機。返聞聞自性。性成無上道。圓通實如是。如今以聲爲聞。背心循境。豈不是倒聞之機。若能旋聲塵之有流。復本聞之無妄。則是返聞自性。得本歸原。內滅翳根。外消塵境。能所既脫。本覺道成。寂照圓通。真實如是。所以佛告阿難。以諸衆生。從無始來。循諸色聲。逐念流轉。曾不開悟性淨妙常。不循所常。逐諸生滅。由是生生。雜染流轉。若棄生滅。守於真常。常光現前。根塵識心。應時消落。想相爲塵。識情爲垢。二俱遠離。則汝法眼。應時清明。云何不成無上知覺。是以若了聞性、即成正覺。於是心境雙融。動靜俱泯。如觀音言。彼佛教我、從聞思修入三摩地。初於聞中、入流亡所。所入既寂、動靜二相、了然不生。如是漸增、聞所聞盡。盡聞不住。覺所覺空。空覺極圓。空所空滅。生滅既滅。寂滅現前。忽然超越。世出世間。十方圓明。獲二殊勝。一者、上合十方諸佛本妙覺心。與佛如來、同一慈力。二者、下合十方一切六道衆生。與諸衆生、同一悲仰。是以初從聞性入時、先亡動靜聲塵之境。次亡能聞所聞之心。既心境俱亡。又不住無心境、及能覺所覺之智。則覺智俱空。此空亦空。方成圓覺。故云空覺極圓。空所空滅。始盡生滅之原。到寂滅本妙覺心之地。如起信論云。一切諸法。皆由妄念而有差別。若無妄念。則無境界差別之相。故知妄念空而根境謝。識想消而塵垢沉。則法眼應時清明。常光了然頓現。見聞本性既爾。諸根所現亦然。故經云。六自在王、常清淨故。又首楞嚴經偈云。一根既返原。六根成解脫。見聞如幻翳。三界若空華。聞復翳根除。塵消覺圓淨。淨極光通達。寂照含虛空。卻來觀世間。猶如夢中事。但以未覺悟前。於染淨中有一毫見聞取捨之處。皆在三界無明長夜生死夢中。纔得見性。便同覺後。自覺覺他。故名爲佛。

5 祖教一門。最爲省要。所爲無心。何者。若有心則不安。無心則自樂。故先德偈云。莫與心爲伴。無心心自安。若將心作伴。動即被心謾。法華經云。破有法王。出現世間。淨名經云。除去所有。唯置一床。即是除妄心之有。外境本空。以心有法有。心空境空。故起信論云。是故當知一切世間境界之相。皆依衆生無明妄念而得建立。如鏡中像。無體可得。

唯從虛妄分別心轉。心生則種種法生。心滅則種種法滅故。是以但得無心。境自不現。既無對待。逆順何生。以逆境故、生嗔惱彊賊干懷。以順境故、牽愛情華箭入體。能令心動。故稱不安。今若無心。坦然無事。則萬機頓赴而不撓其神。千難殊對而不干其慮。所以阿難執有而無據。七處茫然。二祖體無而自安、言下成道。若不直了無心之旨。雖然對治折伏、其不安之相、常現在前。若了無心、觸途無滯。絕一塵而作對、何勞遣蕩之功。無一念而生情、不假忘緣之力。又無心約教有二。一者澄湛令無。二者當體是無。澄湛令無者、則是攝念安禪。蠲消覺觀。虛襟靜慮。漸至微細。當體是無者、則直了無生。以一念起處不可得故。經云。一念初起。無有初相。是真護念。寶藏論云。夫離者無身。微者無心。無身故大身。無心故大心。大心故、則智周萬物。大身故、則應備無窮。是以執身爲身者、則失其大應。執心爲心者、則失其大智。故千經萬論。莫不說離身心破於執著、乃入真實。譬如金師、銷鑛取金。方爲器用。若有身者。則有身礙。有身礙故則法身隱於形殼之中。若有心者、則有心礙。有心礙故、則真智隱於念慮之中。故大道不通。妙理沉隱。六神內亂。六境外緣。晝夜惶惶。無有止息矣。夫不觀其心者、而不見其微。不觀其身者、而不見其離。若不見其離微者、則失其道要。故經云。佛說非身。是名大身。心亦如是。此謂破權歸實。會假歸真。譬如金師、銷鑛取金。方爲器用。滅相混融。以通大冶。大冶者、謂大道。此大道冶中、造化無窮。流出萬宗。若成若壞。體無增減。故經云。有佛無佛。性相常住。大寶積經云。佛言、文殊。汝入不思議三昧耶。文殊師利言、不也世尊。我即不思議。不見有心能思議者。云何而言入不思議三昧。我初發心。欲入是定。而今思惟。實無心相而入三昧。如人學射。久習則巧。後雖無心。以久習故、箭發皆中。我亦如是。初學不思議三昧。繫心一緣。若久習成就。更無心想。恒與定俱。又先德云。一念妄心纔動、即具世間諸苦。如人在荊棘林不動。即刺不傷。妄心不起。恒處寂滅之樂。一念妄心纔動。即被諸有刺傷。故經云。有心皆苦。無心乃樂。當知妄心不起。始合法身寂滅樂也。問本自無心。妄依何起。答。爲不了本自無心名妄。若知本自無心。即妄無所起。真無所得。問。何故有心即妄。無心即無妄。答。以法界性空寂。無主宰故。有心即有主宰。有主宰即有分劑。無心即無主宰、無主宰即無分劑。無分劑即無生死。問無心者、爲當離心是無心。即心得無心。答。即心得無心。問。即心是有心。云何得無心。答。不壞心相。而無分別。問。豈不辯知也。答。即辯知無能所、是無心也。豈渾無用、始是無心。譬如明鏡照物。豈有心耶。當知一切衆生、恒自無心。心體本來常寂。寂而常用。用而常寂。隨境鑒辯。皆是實性自爾。非是有心方始用也。只謂衆生、不了自心常寂。妄計有心。心便成境。以即心無心故。心恆是理。即理無理故。理恆是心。理恆是心故。不動心相。心恆是理故。不得心相。不得心相故。即是衆生不生。不動心相故。即是佛亦不生。以生佛俱不生故。即凡聖常自平等法界性也。純一道清淨。更無異法。當知但有心分別作解之處。俱是虛妄。猶如夢中。若未全覺。所見纖毫、亦猶是夢中事。但得無心。即同覺後絕諸境界。但有一微塵可作修證不思議解處。俱不離三界夢中所見。經云。無有少法可得。佛即授記。無生義云。不退轉天子言。此佛土未曾思惟分別於我見與不見。我亦不思惟佛土見與不見。故知諸見從有心而生。佛土無心。故不見天子。天子有心而不生念。故言不見佛土。便成不異。故知有心無心俱空。融大師云。鏡像本無心。說鏡像無心。從無心中說無心。人本有心。說人無心。從有心中說無心。有心中說無心、是末觀。無心中說無心、是本觀。衆生計有身心。說鏡像破身心。衆生著鏡像。說畢竟空破鏡像。若知鏡像畢竟空。即身心畢竟空。假名畢竟空。亦無畢竟空。若身心本無。佛道亦本無。一切法亦本無。本無亦本無。若知本無亦假名。假名佛道。佛道非天生。亦不從地出。直是空心性。照世間如日。又且無心者、不得作有無情見之解。若將心作無。此即成有。若一切處無心。如土木瓦礫。此成斷滅。皆屬意根强知妄識邊事。是以稱不思議定者。以有無情見不及故。又澄湛是事。當體是理。事有顯理之功。亦有覆理之義。理有成事之力。亦有奪事之能。各取則兩傷。並觀則俱是。何謂顯理。若妙性未發。須假事行助顯莊嚴。如水澄清。魚石自現。何謂成事。若功行未圓。必仗理觀引發開導。何謂覆理。若一向執事坐禪。反迷己眼。未識玄旨。徒勞念靜。何謂奪事。若天真頓朗。如日消冰。何須調心收攝伏捺。故經偈云。若學諸三昧。是動非是禪。心隨境界流。云何名爲定。是以不可執一執二。定是定非。但臨時隨用。圓融得力。自諳深淺。若也歸宗順旨。則理事雙消。心境俱亡。定慧齊泯。如永嘉集云。以奢摩他故。雖寂而常照。以毗婆舍那故。雖照而常寂。以優必叉故。非照而非寂。照而常寂故。說俗而即真。寂而常照故。說真而即俗。非寂而非照故。杜口於毗耶。斯則不唯言語道斷。亦乃心行處滅。所以圓覺經云。有作思惟。從有心起。皆是六塵、妄想緣氣。非實心體。已如空華。用此思惟。辯於佛境。猶如空華。復結空果。展轉妄想。無有是處。

6　有學人問百丈和尚云。對一切境、如何得心如木石。答。一切諸法、本不自言是非垢淨。亦無心繫縛人、但人自虛妄計著。作若干種解。起若干種見。生若干種畏愛。但了諸法不自生。皆從自己顛倒取相而有。知心與境、本不相到。當處解脫。一一諸法。一一諸心。當處寂滅。當處是道場。又本有之性。不可名目。本來不是凡。不是聖。不是愚。不是智。不是垢。不是淨。亦非空有善惡。與諸染法相應、名衆生界。與諸淨法相應、名人天二乘。若垢淨心盡。不住繫縛解脫。無一切有爲無爲縛脫等心量。處於生死、其心自在。畢竟不與諸虛幻塵勞、蘊界生死、諸入和合。迥然無住。一切不拘、去來無礙。往來生死。如門開相似。

7　世尊最後垂示、應盡還原品三告之文。涅槃經云。爾時世尊。如是逆順入諸禪已。普告大衆。我以甚深般若。遍觀三界一切六道。諸山大海。大地含生。如是三界根本性離畢竟寂滅。同虛空相。無名無識。永斷諸有。本來平等。無高下想。無見無聞。無覺無知。不可繫縛。不可解脫。無衆生。無壽命。不生不起。不盡不滅。非世間。非非世間。涅槃生死。皆不可得。二際平等、等諸法故。閑居靜住、無所施爲。究竟安置、必不可得。從無住法。法性施爲。斷一切相。一無所有。法相如是。其知是者、名出世人。是事不知、名生死始。汝等大衆、應斷無明。滅生死始。又復告大衆。我以摩訶般若。遍觀三界有情無情。一切人法、悉皆究竟。無繫縛者、無解脫者。無主無依。不可攝持。不出三界。不入諸有。本來清淨無垢。無煩惱。與虛空等。不平等。非不平等。盡諸動念。思想心息。如是法相。名大涅槃。真見此法、名爲解脫。凡夫不知、名曰無明。作是語已。復入超禪。從初禪出、乃至入滅盡定。從滅盡定出、乃至入初禪。如是逆順、入超禪已。復告大衆。我以佛眼。遍觀三界一切諸法。無明本際。性本解脫。於十方求、了不能得。根本無故。所因枝葉、皆悉解脫。無明解脫故。乃至老死皆得解脫。以是因緣。我今安住。常寂滅光。名大涅槃。如上真實慈父。廣大悲心。不可思議三告之文。或有偶斯教者。可以折骨爲筆。剝皮爲紙。刺血爲墨。而書寫之。不可頃刻暫忘。剎那失照。且如第一文云。遍觀三界一切六道。諸山大海。大地含生。如是三界。根本性離。畢竟寂滅。第二文云。遍觀三界有情無情。一切人法、悉皆究竟。第三文云。遍觀三界一切諸法。無明本性。性本解脫。是以遍法界內。盡十方中。若有情。若無情。若有性。若無性。山河大地。草芥人畜。不在三界。不出三界。不隨生死。不住涅槃。皆同真如一心妙性。如是信解、頓入一乘。更無秘文、能出斯旨。

8　夫約世諦門中凡聖天絕。凡大心外立法、妄執見聞。聖人既了一心、云何同凡知見。答。聖雖知見、常了物虛。如同幻生、無有執著。如大涅槃經云。迦葉菩薩白佛言、世尊。若以因此煩惱之想生於倒想。一切聖人實有倒想、而無煩惱。是義云何。佛言。善男子。云何聖人而有倒想。迦葉菩薩言、世尊。一切聖人、牛作牛想亦說是牛。馬作馬想。亦說是馬。男女大小、舍宅車乘、去來亦爾。是名倒想。善男子。一切凡夫。有二種想。一者世流布想。二者著想。一切聖人唯有世流布想、無有著想。一切凡夫惡覺觀故、於世流布生於著想。一切聖人善覺觀故、於世流布不生著想。是故凡夫、名爲倒想。聖人雖知、不名倒想。又以境本自空、何須壞相。以心靈自照、豈假緣興。不同凡夫能所情執知見。故肇論云。夫有所知。則有所不知。以聖心無知、故無所不知。不知之知、乃曰一切知。故經云。聖心無知、無所不知。信矣。是以聖人虛其心而實其照。終日知而未嘗知也。如止水鑒影、豈立能所之心。則境智俱空、何有覺知之想。楞伽經云。佛告大慧。爲世間以彼惑亂。諸聖亦現、而非顛倒。大慧。如春時燄、火輪垂髮、乾闥婆城、幻夢鏡像。世間顛倒、非明智也。然非不現。釋曰。上七喻者。明境即是一、而見有殊。然聖人用彼惑亂之境。一同凡現色等諸塵。以聖人無念著故而非顛倒。然聖人非不見彼惑亂法。見時正同水月鏡像。龍樹菩薩云。日光著塵。微風吹之曠野中轉。名之爲燄。愚夫見云。謂之野馬。渴人見之、以爲流水。業報亦爾。煩惱日光、熱諸行塵。邪憶念風。於生死曠野中、吹之令轉。妄見爲人爲鬼、爲男爲女、渴愛染著、耽湎無已。不近聖法、無由識之。夫火日外朗。水鏡内照。光在上爲影。光在下爲像。像以明傳。而像現於水。形以日映、而光隔爲影。二物雖虛、而所待妄有。妄有雖空、而狂惑見之。見之以不狂。則形與影一。像與形同。世法亦爾。衆緣所起。起者之有。與所起之緣。俱爲空物。無一異也。而人以虛妄風病顛倒故。不應見而見。不應聞而聞。若得大慧之明。則風狂心息。無此見也。又般若無知者、不同木石。不是有知者、非同情想。古德云。佛見無我。不是無知。但是不知知。不見見。以知是不知知、故即無心而不知。見是不見見、故無色而不見。無色而不見故、由不見見也。無心而不知故、以不知知也。如淨名經云。所見色與盲等者。崇福疏云。譬如五指塗空。空無像現。不以空無像現。便言指不塗空。豈以五指塗空。便欲令空中像現。事亦不然。不妨熾然塗空。空中元無像現。豈以眼根見色。便令如盲。豈以眼根如盲。而便都無所見。不妨滿眼見色。了色本自性空。雖然見色之時。元來與盲無異。但息自分別心、非除法也。法本自空、無所除也。又所聞聲與響等者。豈是不聞。但一切聲、皆如谷響。無執受分別也。所以滿眼見色。滿耳聞聲。不隨不壞。了聲色之正性故。何者。若隨聲色之門。即墮凡夫之執。分別妍醜之相、深著愛憎。領受毀讚之音、妄生欣厭。若壞聲色之相。即同小乘之心。則有三過。一色等性空、無可壞故。若壞方空、非本空故。二由空即真、同法性故。若壞方真、事在理外故。三由即空、不待壞故。壞則斷滅。是以如來五眼、洞照無遺。豈同凡夫生盲、二乘眇目、睹無見耶。但不隨不壞離二見之邊邪。非有非空、契一心之中理。則逢緣無礙。觸境無生矣。是以萬物本虛。從心見實。因想念而執無執有。墮惑亂之門。以取著而成幻成狂、受雜染之報。若能反照唯心大智。鑒窮實相真原。則幻夢頓惺。影像俱寂。然後以不二相、洞見十方。用一心門、統收萬彙。則見無所見、衆相參天。聞無所聞、羣音揭地。如此了達。心虛境空。即入大總持門。紹佛乘種性。

9 問。能所之見。則心境宛然。聖人之見。如何甄別。答。雙照有空。不住內外。似谷答聲而絕慮。如鏡鑒相而無心。妙湛圓明。寂而常照。故云常在正念。亦名正知。非是有念有知。亦非無念無知。若唯無念。寂而失照。若但照體。照而失寂。並稱不正。正在雙行。還原集云。得其妙性起照。照見一切。了了知。無所知。了了見。無能見。內外圓明。廓周法界。亦名毘盧遮那無障礙眼。圓滿十方、照見一切佛剎。即此義也。又云。心能作佛。心作衆生。心作天堂。心作地獄。心異則千差境起。心平則法界坦然。心凡則三毒縈纏。心聖則六通自在。心空則一道清淨。心有則萬境縱橫。如谷應聲。語雄而聲厲。似鏡鑑相。形曲而影凹。以知萬行由心。一切在我。內虛外終不實。外細內終不粗。善因終值善緣。惡行難逃惡境。雲霞而飲甘露。非他所受。臥煙𦦨而瞰膿血。皆自能爲。非天所生。非地之所出。只在最初一念。致此昇沉。欲外安和。但內寧靜。心虛境寂。念起法生。水濁波昏。潭清月朗。修行之要。靡出於斯。可謂衆妙之門。羣靈之府。昇降之本。禍福之原。但正自心。何疑外境。是以離衆生罪行。福行。不動行。終無三界苦樂果報。若離衆生見聞覺知。豈有陰處界等境界。故知夢覺唯識。染淨由心。前賢後學之所宗。千經萬論之同指。如楞伽經偈云。衆生即瓶等。種種諸形相。內外雖不同。一切從心起。但一念不生。諸緣自斷。故云一念心不生。六根總無邊。又云一心不生。萬法無咎。如今厭生患老。隨思隨造。捨妄除身。業果恆新。若能了生無生。知妄無妄。一念心寂。萬慮俱消。是知悟心即休。更無異術。

10 夫萬化非無宗，而宗之者無相。虛相非無契，而契之者無心。內外並冥，緣智俱寂。是故若能如是體道，千萬相應。可謂正法中人，真佛弟子。若違斯旨。妄起有心。悉墮邪修。不入宗鏡。如古德謌云：「只爲無心學無學，亦復正修於不修。若人不知如此處。不得稱名爲比丘。」

11 一心不動。諸法無性。以無性故。悉皆成佛。華嚴經云：「皆同一性。所謂無性。良以心境同一性故。生佛亦然。是以真心不守自性故。舉體隨緣，成諸萬法。性即體也、以諸法唯心所現。各無自體。虛假相依。無決定性。以無性故。能隨異緣。成立一切。若有定性。猶如金石。各有堅性。不可令易。今此無性。猶如於水，遇冷成冰，逢火便煖。故知若有定性。一切諸法皆悉不成。若無定性，一切皆成。又若衆生各各有性，自體不移，則永作衆生，無因成佛。所以無性理同。以有空義故。一切法得成。」

12 法界品彌伽長者，徹見十方佛海。顯此定者，唯心之觀。知衆生界，無量無邊。皆心現故。明隨心念佛，諸佛現前。以唯心觀遍該萬法。」

13 見性之時，性本離念。非有念而可除。觀物之際，物本無形，非有物而可遣。故云：「離念之智，等虛空界。」

14 夫受世間差別果報。皆爲一念心異，分別情生。取衆生相爲凡。執諸佛境爲聖。如經所說：「觀衆生如幻師見幻。觀如來則三際體空。二見於是雙消。情量爲之俱泯，則可以成諸佛之喜，除菩薩之憂。信此一心。能入宗鏡。古聖云：道俗之不夷，二際之不泯，菩薩之憂也。」

15　衆生不知念空。於念成事，似有差別。若實了念空，則於苦樂境不生執受。何者以境從念生，心空則境何有。既無有境。相縛自除。能所俱空。誰生取著。既不取著。生死自無。如圓覺經云：知是空華，「即無流轉，亦無身心受彼生死。」

16　目擊而道存。莊子云：夫子欲見溫伯雪子。久而不見。及見。寂無一言。及出，子路怪而問曰：夫子欲見溫伯雪子久矣。何以寂無一言。子曰：若斯人者。目擊而道存。亦不可以容聲者矣。莊子云：「至人之用心若鏡。不將不迎。應而不藏，故能勝物而不傷。」解云：至人用心如明鏡當臺。物來順照。並不將心要應。事之未至。亦不以心先迎。即物一至。妍醜分明。而不留藏妍醜之跡。了無是非之心。如此虛心應世。故能勝物，而物卒莫能傷之者。虛之至也。莊子之學問功夫作用，盡在此二十二字而已。學者能體認。亦不必多。只在此數語下手。則應物忘懷。一生受用不盡。」

17　動靜不遷義。夫人之所謂動者。以昔物不至今。故曰動而非靜。我之所謂靜者。亦以昔物不至今。故曰靜而非動。動而非靜。以其不來。靜而非動。以其不去。昔物不至今。今物不去昔。有何動耶。今昔相待。其相本空。物在其中。無去無來。昔物自在昔。不從今以至昔。今物自在今。不從昔以至今。釋成不遷也。論以今昔相待。來去相形。緣體非真。諸相何立。常情爲相所轉。見有遷流。悟士了虛。當相寂滅。何有今昔之動。

來去之遷。據此雖念念謝滅。亦念念不遷也。又曰，年往形亦往。此是遷義。即此遷中有不遷也。往年在往時。往形在往日。是謂不遷。而人乃謂往日之人遷至今日，是謂惑矣。又昔自在昔。何須遷至今。今自在今。何須遷至昔。故論云：「是以言往不必往。古今常存。以其不動。稱去不必去。謂不從今至古。以其不來。經中言遷。未必即遷。以古在古。以今在今故也。於惑者則爲無常不住。新新生滅。而謂之遷。若智者則了性空無知。念念無生。謂之不遷。」夫至人空洞無象。而萬物無非我心造。聖人與理冥一。故云無象。心雖寂然。亦不離諸法。以一切法皆心所造。會萬物以成己者。其唯聖人乎。聖人了法即心。依性起相。會相歸心。所以成聖。又曰「見緣起爲見法。見法爲見佛。法即空性。佛即覺智。見緣起性空之理。即爲見佛也。」

18 一切諸法，本來不有，因心故生。離憶想而無法可成。除分別而無塵可現。又反觀憶想分別畢竟無生。從三際求，求之不見。向十方覓，覓之無蹤。既無能起之心。亦無所滅之跡。起滅俱離。所離亦空。心境豁然。名爲見道。於見道中。相待之真妄自融，對治之能所皆絕。能所盡處。自然成佛。」

19 夫真俗二諦，一切諸法，不出空有。空有之法，皆從緣生。緣生之法，本無自體，依心所現，悉皆無性。以緣生故無性，以無性故緣生。以此緣性二門，萬法一際平等。釋云：「謂緣生故有，是有義。無性故空，是空義。二義是空有所以。謂無性故有，是有所以。緣生故空，是空所以。所以即是因緣。謂何以無性，得成空義。由從緣生，所以無性，是故緣生是無性空之所以也。又云良以諸法起必從緣，從緣有故，必無自性。

由無性故，所以從緣。緣有性無，更無二法。而約幻有萬類差殊。故名俗諦。無性一味，故名真諦。」

20 有云無情成佛，是約性相相融。以有情之性融無情之相。以無情相隨性融同有情之相。故說無情有成佛義。若以無情不成佛義融情之相。亦得說言諸佛衆生不成佛也。以成與不成。情與無情。無二性故。法界無限故。佛體普周故。色空無二故。法無定性故。十身圓融故。緣起相由故。生界無盡故。爲因周遍故。遠離斷常故。萬法虛融故。故說一成一切成也。非謂無情亦有覺情同有情成佛。若許此成則能修因。無情變有情，有情變無情，便同邪見。」

21 問、諸祖剖析理事分明。佛外無心，心外無佛。云何教中更立念佛法門。答：只爲不信自心是佛，向外馳求。若中下根，權令觀佛色身繫緣粗念，以外顯内，漸悟自心。若是上機，只令觀身實相，觀佛亦然。如佛藏經云：見諸法實相名爲見佛。何等名爲諸法實相，所謂諸法畢竟空無所有。以是畢竟空無所有法念佛。又念佛者離諸想，諸想不生，心無分別，無名字無障礙，無欲無得，不起覺觀。何以故，舍利弗，隨所念起，一切諸想，皆是邪見。舍利弗，隨無所有，無覺無觀，無生無滅，通達是者，名爲念佛。如是念中，無貪無著，無逆無順，無名無想，舍利弗，無想無語乃名念佛。是中乃至無微細小念，何況粗身口意業。無身口意業處，無取無攝，無諍無訟，無念無分別，空寂無性，滅諸覺觀。是名念佛。舍利弗，若人成就如是念者，欲轉四天下地，隨意能轉。亦能降伏百千億魔，況弊無明從虛誑緣起無決定相。是法如是無想無戲論，無生無滅，不可說不可分別，無暗無明，魔若魔民所不能測。但以世俗言說有所教化。而作是言。汝念佛時，莫取小想，莫生戲論，莫有分別，何以故，是法皆空無有體性不可念一相，所謂無相，是名真實念佛」。

22　如何行於止觀得契真修。但了能觀之心所觀之境各各性離，即妄心自息，此名爲止。常作此觀不失其照，故名爲觀。斯則即止即觀，即觀即止，無能所觀，是名止觀。如先德云：法性寂然名止，寂而常照名觀。非能所觀有其二事。所以華嚴經頌云：若有欲知佛境界，當淨其意如虛空，遠離妄想及諸取，令心所向皆無礙。釋云：「一、離妄取，如彼淨空無雲翳故，斯即真止。二、觸境無滯，如彼淨空，無障礙故，斯即真觀。此觀不作意以照境，則所照無涯。此止體性離而息妄故，諸趣皆寂。若斯則不拂不瑩而自淨矣。無淨之淨，乃冥契法源。不修之修，則闇蹈佛境矣。」

23 諸聖以無為而得名。圓修以無作而成行。不分別諸境，是真調伏心，了一切法空，則常在三昧矣。」

24 問：生佛同體，何故苦樂有殊。答：諸佛悟達法性，皆自然了心原，忘想不生，不失正念，我所心滅，故不受生死，即究竟常寂滅，以寂滅故，萬樂自歸。一切衆生，迷於真性，不達本心，種種妄想，不得正念，故即憎愛，以憎愛故，心器破壞，即受生死，故諸苦自現。欲知法要，守心第一，若一人不守真心得成佛者，無有是處。」

25 如今學人，但自直下內了自心，莫疑外境，心若得了，外境皆虛。一法纔通，萬象盡歸心地。一輪有阻，千車悉滯修途。明明而只在自知，念念而無非真實。外粗易見，不慮他疑。內密難窮，唯應親證。如龐居士偈云：「中人樂寂靜，下士好威儀，菩薩心無住，同凡凡不知，佛是無相體，何須有相持，但令心了事，遮莫外人疑，如人渴飲水，冷暖自心知。」

26 何璨注云：心形泯合，神氣冥符，洞然至忘，與無同體。然後心彌靜而智彌遠，神愈默而照愈彰。理極而自通，不思而玄覽。非夫至神至聖，其孰能與於此哉。斯乃靈真之要樞，重玄之妙道者也。是以內外指歸，須冥符心體，則洞照無遺矣。遂能和光萬有，體納十方。夫言和者，非有能所二法相順名和，如古德云：「凡聖各別，不得名和。心體離念不得衆生相，法界即我，我即法界名和。」

27 般若無知者，但是無心自然靈鑒，非待相顯，靡假緣生，不住有無，不涉能所，非一非異而成其妙道也。所以先德云：「夫聖心無思，名言路絕，體虛不可以色取，無慮不可以心求，包法界而不大，處毫端而不微，寂寥絕於生滅，應物無有去來，鑒徹天鏡，而無鑒照之勤，智周十方而不生二相。森羅萬象與之同原，大哉，妙用而無心者，其唯般若無知之謂乎。」

28 但了妄念無生，即是真心不動。此不動之外，更無毫釐法可得」。

29 所謂無念者，即念而無念。以念無自性，緣起即空。又緣起者，皆是真性中緣起，豈屬有無，乃至即生無生，即滅無滅亦復如是，寶藏論云：若言其生，無狀無形，若言其滅，今古常靈。華嚴疏云：生之無生，真性湛然，無生之生，業果宛然。是知若即念存有念，即是常見，離生求無生，即是斷見，皆不達實相無生無滅之理。若正了無生，則無生無不生，豈定執有生無生之二見乎。所以云：誰無念，誰無生，若實無生無不生，喚取機關木人問，求佛施功早晚成。若以息念歸無念，如同寒木死灰，與木人何別，豈有成佛之期耶。斯乃尚未知即念而無念，寧知一念圓頓乎。如有問言：夫妙行者，統唯無念，今見善見惡，願離願成，疲役身心，豈當爲道。答：若斯見者，離念求於無念，尚未得於真無念也，況念無念之無礙耶。又無念但是行之一也。豈成一念頓圓。此一念頓圓之旨，非意解所知，唯忘情可以契會。如悟玄序云：「夫玄道者，不可以設功得。聖智者，不可以有心知。真諦者，不可以存我會。至功者，不可以營事爲。忘言者，可以道合。虛懷者，可以理通。冥心者，可以真一。遺智者，可以聖同。雖云道合，無心於合，合者合焉。雖云聖同，不求於同，同者同焉。無心於合則無合無散。不求於同，則無異無同。超非於百非之外，非所不能非焉。忘是於萬是之前，是所不能是焉。是所不能是，則無是矣。非所不能非，則無非矣。無異無同，則怨親不二。無非無是，則毀讚常一。是以忘言者，捨筌罤也。虛懷者，離取著也。冥心者，不己見也。遺智者，泯能證也。若運心合道則背道。若起念求同則失同。若爲是所是則没是。若爲非所非則沈非。以要言之，但得直下無心，則同異俱空，是非咸泯，斯泯亦泯，玆空亦空，此猶寄言因跡對待，若得絕待頓悟一心，唯契相應不俟更說。」

30　傅大士云：「心性無來亦無去，緣慮流轉實無停。又心無處所，故云無停。心體實無來去，昔所行處，了了知見，性自虛通，體無去住，不用除滅此心。若識此心本是佛體，不須怕今有。不識心人，將此爲妄，終日除滅，亦不可得滅。縱令得滅，證聲聞果，亦非究竟。只如過去諸佛恆沙劫事見如今日，真如之性，靈通自在，照用無方，不可同無情物，佛性是生氣物，不可兀爾無知，但無心量種種施爲如幻如化，如機關木人畢竟無有心量。於一切處，無執繫，無住著，無所求，於一切時中更無一法可得。」

31　宗鏡所錄皆是現證法門。一人全真，更無前後。如或不信，但靜思看，若見一念無生，自然與經冥合。如菩薩念佛三昧經偈云：此身常無知如草木瓦礫，菩提無形色，寂滅恆不生，身不觸菩提，菩提不觸身，心不觸菩提，菩提不觸心，而能有相觸，實爲不思議。釋曰：「故知色不至眼，耳不到聲，而有見聞，是不可思議。以自性離中，而有顯現。故知六根無對，皆是無諍法門。諸境含虛，盡冥不二之道。即今衆生境界真不可思議矣。曷用遠求諸聖作用而自鄙劣者哉。」

32　初無明為因生三細識，後境界為緣生六粗相，以依無明成妄心，依妄心起無明。三細相者，初業相依不覺心動，心動名業，業有二種，一動作故是業義，故云依不覺故，心動名業。覺則不動。得始覺時則無動念，是知今動只由不覺也。動則有苦，如得寂靜無念之時，是涅槃妙樂，故知今動則有生死苦患，此動念極微細，是精動隱流之義。緣起一相能所不分，當阿賴耶識自體分也。」

33　衆生四大和合故名為身，因緣生識和合故動作言語。凡夫人於中起人相生愛生恚，起罪業墮三惡道。菩薩行般若波羅密時，憐愍衆生，種種因緣教化令知空法，而拔出之，作是言，是法皆畢竟空無所有，衆生顛倒虛妄故見似有。如化如幻如乾闥婆城，無有實事，但誑惑人眼。乃至佛告須菩提，若諸法當實有如毫釐許，菩薩坐道場時，不能覺一切法空無相無所有，得成阿耨多羅三藐三菩提，亦不能以此法利益衆生。」

34 外人計身內有神神使知知之，內人破曰，若神使知知復誰使神知，遂無使神何須使。若無神使即無知者，無知者即如草木瓦礫也。若約內觀的觀識種，所以者何，三事成身。命煖無知，知只是識，若謂識能知者，過去識已滅，滅故不能知。現在識剎那不住，無暫停時亦不得知，未來識未有，未有之識豈得有知。三世求識，知不可得，離三世無別有知。故說此身無知如草木瓦礫也。經云：是身無作風力所轉。次約風動助成，破識有作，說無我行也。若作破外人解，外人計身內有神我故，能執作施爲作一切事。內人破曰，此非神作身有所作，皆風力轉也。若約內觀心解，妄念心動身內，依風得有種種所作。故大集經云：有風能上有風能下，心若念上。風隨心牽起，心若念下，風隨心牽下，運轉所作皆是風隨心轉作一切事。若風道不通手腳不遂，心雖有念即舉動無從。譬如人牽關捩，即影技種種所作，捩繩若斷手無所牽，當知皆是依風之所作也。今觀此依風，不自生亦不他生，若無生即是空，尚不能自有，令三事成身不可得，誰是作也。釋曰：夫外計內執我者，皆於地水火風空識六大種中及身內識煖息三事等起執，今觀六大三事內，唯是識之一大，世多堅執以爲實我。今只用於內外三世中推自然無我無識，內外推者，只如執識實在身內者，且何者是識，若言身分皮肉筋骨等是識者，此是地大，若言精血便利等是識者，此是水大，若言身中煖觸是識者，此是火大，若言折旋俯仰言談祇對是識者，此是風大，除四大外，唯是空大，何者是識，各各既無，和合豈有。如一砂壓無油合衆砂而豈有。此四大種現推無體，即是內空。死後各復外四大，一一歸空即是外空，內外俱空識性無寄。又內推既無識應在外者，外屬他身自無主宰，及同虛空有何分別，內外既空中間奚有，以因內外立中間故，但破內外中間自虛，若識內外空者應在心世，何者，因三世以辯識，因識以立三世，若無有識誰分三世，若無三世何以明識。以此三識若不思過去，即想未來。過未不緣即住現在。離三際外更無有識。故祖師云：一念不生前後際斷，今則念念成三世，念念識不住，念念唯是風，念念無主宰。故金剛經云：過去心不可得，未來心不可得，現在心不可得。以因現在立過去，因過去立未來，現在既不住，過去未來亦無生。互檢互無徹底空寂。但有微毫起處皆從識生。今推既無，分別自滅，分別既滅，境界無依。如依水生波，依鏡現像，無水則波不起，無鏡則像不生。故知非關法有法無，但是識生識滅。如金剛三昧經偈云：「法從分別生，還從分別滅，滅是諸分別，是法非生滅。」如是洞達，根境豁然，自覺既明，又能利他普照。故經偈云：「究竟離虛妄，無染如虛空，清淨妙法身，湛然應一切。」是以世間粗浮，不於自身子細明察，妙觀不習智眼全盲，執妄迷真，以空作有。若能善觀，即齊諸聖。」

35 問：於世間法五蘊身中，作何見解成外道義。云何通達成佛法義。

答：「外道不達諸法因緣和合成諸蘊。凡有所爲皆是識陰，便於蘊上執有實我，受用自在名爲神主，於似常似一相續之中說有神性，是外道義。若了內外和合因緣所成唯識所變，似境所現，即第八識任持不斷，似有相續即佛法義。外道不知將爲實有，迷無性之理執身見之愚。」

36 夫八識之中覆真習妄，何識造業，何識爲因，何識爲依，成其妄種。

答：前五識取塵，第六識爲因，第七識計我造業，第八識爲依，以此生死苦果不斷。楞伽經偈云：如水大流盡，波浪則不起，如是意識滅，種種識不生。釋云：謂五識取塵轉入六識，六識記法爲因，七識攀緣，六識造善惡業，得未來生死，覆障八識不得顯現。若五識不取塵，即無六識，六識無故，七識不生，七識不生故，則無善惡業，無善惡業故，即無生死，無生死故，如來藏心湛然常住。即是六七識滅建立八識。又八識爲五六七識所依與諸識作因者，即第六識心諸識依之。如水盡則無波浪，六識滅七識亦不生。故云：一念無明風，鼓動真如海，無明風盡，識浪不生，則覺海性澄源，源澄覺元妙。」

37　臺教云：此身無常，攬壽煖識三事而有身。身但假名，三事無常無別身也。息之出入計爲壽命，息出不反，身如瓦礫，命豈可保。若煖氣持水，水潤於地，妄謂此身爲常存者。火從緣生，緣散故即火滅，身便臭爛。業計妄識刹那異趣，謂我常自在，業若纔斷，心即託生，身便散滅。

大集經云：出胎盛年衰老皆是業持，三事生滅相續不斷。凡夫不了妄取身相，不覺氣斷三事分離。又如出入息相續百千萬，出入息一一息中身不可得。剎那心識次第生滅無量，一一剎那身不可得。不臭不爛三大成皮肉骨髓，一一驗之，虛假身不可得，離此三事，無別有身，故知身命本空，生死恆寂，凡夫不了枉入苦輪。命如風裡之殘燈，剎那磨滅。身似潭中之聚沫，倏爾消洋。所以經云：「解無不生，了有不死，若了有空而無我，無我令誰生。解本無而不生，不生令誰死。唯持種本識妙湛真心。體性圓明寂然常住。處異生位，持無漏而常熏，至佛果門，續菩提而不斷。」

38　止觀云：法性與一切法無二無別，凡法尚是，況二乘乎。離凡法更求實相，如避此空彼處求空。即凡法是實法，不須捨凡向聖。經言，生死即涅槃。一色一香皆是中道，即無作四諦。所以八千聲聞，於法華會上見如來性，如秋收冬藏更無所作，以達本故法爾如斯。若未見性人不可安然拱手傚無作無修，直須水到渠成自然任運。故又但了一心自然無作，非是强爲，故云陰入皆如無苦可捨。無明塵勞即是菩提。無集可斷。邊邪皆中正，無道可修。生死即涅槃，無滅可證。無苦無集故無世間。無道無滅故無出世間。純一實相，實相外更無別法。又文殊道行經云：「佛告文殊師利，若見一切諸法無起，即解苦諦。若見一切諸法無住即能斷集。若見一切諸法畢竟涅槃，即能證滅。文殊師利，若見一切諸法無自體，即是修道。」

39　問：既唯一真心，教中云何復說諸法如幻。答：了境是心萬法奚有，以依心所起無有定體，皆如幻化畢竟寂滅。寶積經云：「爾時世尊告幻師言，一切衆生及諸資具，皆是幻化謂由於業之所幻故。諸比丘衆亦是幻化，謂由於法之所幻故。我身亦幻，智所幻故。三千大千一切世界亦皆是幻，一切衆生共所幻故。凡所有法無非是幻，因緣和合之所幻故。又教中總明十喩。如幻如化如夢如影等，此是諸佛密意，破衆生執世相爲實起於常見。世間共知幻夢等法是空，則不信人法心境等如幻夢亦空。所以將所信之虛，破所信之實，令所信之實同所信之虛，然後乃頓悟真宗遍一切處，心內心外決定無有實法建立。華嚴經頌云：世間種種法，一切皆如幻，若能如是知，其心無所動。諸業從心生，故說心如幻，若離此分別，普滅諸有趣。譬如工幻師，普現諸色像，徒令衆貪樂，畢竟無所得，世間亦如是，一切皆如幻，無性亦無生，示現有種種，度脫諸衆生，令知法如幻，衆生不異幻，了幻無衆生，衆生及國土，三世所有法，如是悉無餘，一切皆如幻，幻作男女形，及象馬牛羊，屋宅池泉類，園林花果等，幻物無覺知，亦無有住處，畢竟寂滅相，但隨分別現。菩薩能如是，普見諸世間，有無一切法，了達悉如幻，衆生及國土，種種業所造，入於如幻際，於彼無依著，如是得善巧，寂滅無戲論，住於無礙地，普現大威力。」

40　淨名云：一含知一切法是道場，故知一法周備無事不該可謂圓滿菩提成就佛道，乃至坐禪見境諸魔事起，但了一心境界自滅，可謂降魔妙術治惑靈方，匪用心神安然入道。起信論云：修行止者，住寂靜處，結加趺坐，端身正意，不依氣息，不依形色，不依虛空，不依地水火風，乃至不依見聞覺知，一切分別想念皆除，亦遣除想，以一切法不生不滅皆無相故。前心依境以捨於境，後念依心復捨於心，以心馳外境，攝住內心，後復超心，不取心相，以離真如，不可得故，乃至魔事現前，念彼一切皆是思惟，刹那即滅，遠離諸相，入真如三昧。心相既離，真相亦盡。摩訶衍論釋云：「若真若僞，唯自妄心現量境界無有其實，無所著故。又若真若僞，皆一真如，皆一法身，無有別異，不斷除故。是以但了一心不忘正念，一切境界自然消滅，可謂應念斷除豈勞功行，此乃西來的旨，諸佛正宗，圓信圓修不同權漸，直下得力，如師子就人一槌便成。猶王之寶器，可謂等賜高廣大車，悉與如來平等滅度，豈同貧所樂法下劣之乘者哉。」

41 經云：佛言：一切衆生從無始來，迷己爲物，失於本心。爲物所轉，故於是中觀大觀小，若能轉物則同如來，身心圓明不動道場，於一毛端，遍能含受十方國土。夫云轉物者，物虛非轉唯轉自心。以一切法皆分別生，因想而成，隨念而至。所以金剛三昧經頌云：法從分別生，還從分別滅，滅諸分別法，是法非生滅。故知一切諸法皆從分別識生，若能悟了分別識空，則知諸法寂滅。若生若滅，俱是分別，分別若亡，法非生滅。楞嚴經鈔云：「若能轉物即同如來者，心外無物，物即是心。但心離分別爲正智，正智即是般若，周遍法界無有障礙。是故四方國土水鳥樹林悉皆説法，説法之處，即如如心。所以如來一一根門，遍塵剎土乃至毛端，而説妙法。如今但得離念，便同如來真實知見。昔有禪師，在蜀地綿竹縣無爲山修道，時有三百餘家設齋俱請和尚，皆由心離分別，即應機無礙。」

42 經言唯識者，爲令觀識捨彼外塵。既捨外塵妄心隨息，妄心息故證會中道。故經偈云：未達境唯心，起種種分別，達境唯心已，分別則不生。若知境唯心，便捨外塵相，從此息分別，悟平等真空。問：人法俱空，識又不立，即今見聞從何而有。答：一切前塵所現諸法。盡隨念而至，皆對想而生。念息境空，意虛法寂。故經云：想滅閑靜，識停無爲。又經云：一切諸佛一切諸法從意生形。又經云：「諸法不牢固，唯立在於念，以解見空者，一切想念。故知見聞但是緣起，見畢竟空，如世幻施爲，似空花起滅。故云：見聞如幻翳，三界若空花。」

43　思益梵天問文殊師利，得何法故名爲得道。文殊師利言：若法不自生，不彼生，亦不衆緣生，從本已來，常無有生，得是法故，說名得道。又問：若法不生，爲何所得。答言：若知法不生，即名爲得。是故佛說：「若見諸有爲法不生相，即入正位。又問：云何名爲正位。答言：我及涅槃等不作二，是名正位。夫正位者，即自真心，入此位中諸見自泯，入佛境界。」

44　若得般若，則一切處無著，不爲境縛，即是解脫。若顯法身得解脫功全由般若。一切萬行皆由般若成立。故五度如盲，般若如導。若布施無般若，唯得一世榮，後受餘殃債。若持戒無般若，暫生上欲界，還墮泥犁中。若忍辱無般若，報得端正形，不證寂滅忍。若精進無般若，徒興生滅功，不趣真常海。若禪定無般若，但行色界禪，不入金剛定。若萬善無般若，空成有漏因，不契無爲果。故知般若是險惡徑中之導師，迷闇室中之明炬，生死海中之智檝（接舟），煩惱病中之良醫，若般若不明，萬行虛設。」

45　文殊般若經云：佛告文殊師利，汝已供養幾所諸佛。文殊師利言，我及諸佛如幻化相，不見供養及與受者。佛告文殊師利，汝今可不住佛乘耶，文殊師利言，如我思惟，不見一法，何當得住於佛乘。佛言，文殊師利，汝不得佛乘乎。文殊師利言，如佛乘者但有名字，非可得亦不可見，我云何得。佛言，文殊，汝得無礙智乎，文殊師利言，我即無礙，云何以無礙而得無礙。佛言，汝坐道場乎，文殊師利言，一切如來不坐道場，我今云何獨坐道場。何以故，現見諸法住實際故。釋曰：若了一心實際，則一切無所得，於無所得中故，能成辦無邊佛事，於事事中皆不違無際故。若如是解者，未必是不坐道場，是坐道場，當坐道場時，是不坐道場矣。何以故，道場等不出實際故。大品云：若住一切法，不住般若波羅蜜，不住一切法，方住般若波羅蜜。釋曰：若住法則不見般若，若住般若則不見法，以法有相般若無相，有無相反故爾。又非離有相法，別立無相般若，以相即無相全是般若故。經云：「色無邊故般若無邊。又云：若學般若應學一切法。何以故，夫般若者，是無住義，起心即是住著，若不住一切法即是般若。故云若學般若應學一切法，設住般若亦成愚闇，但一切處皆無住，則無非般若。」

46 轉女身經云：若於諸法不見差別，是則必能成就衆生。又云：若知諸法皆解脫相，是則名爲究竟解脫。釋曰：執心爲境觸目塵勞，知境是心無非解脫。所以二乘只證人空但離人我虛妄，名爲解脫，未得法空一切解脫，以不識心故。如入楞伽經偈云：諸法無法體，而說唯是心，不見於自心，而起於分別。出曜經云：「身披戒鎧心無慧劍者，則不能壞結使元首。故知若不觀心妙慧成就，則不能斷無明根本。所以楞嚴經云：持犯但束身，非身無所束，元非遍一切，云何獲圓通。」

47　金剛王菩薩秘密念誦儀軌經云：端身正坐作是思惟，一切諸法從自心起，從本已來皆無所有。彌勒成佛經偈云：久念衆生苦，欲拔無由脫。今日證菩提，豁然無所有。釋曰：心識念念攀緣，繫縛塵境不得自在，即是衆生苦，若了境空無縛內結不生，證會一心根塵俱寂，即入性空法界，證無相菩提。所以法華三昧經云：「無著無所依，無累心寂滅，本性如虛空，是名無上道。又法華經云：諸佛於此得阿耨多羅三藐三菩提，諸佛於此轉于法輪，諸佛於此而般涅槃，是以諸佛八相成道，菩薩四攝度生，自利利他，悉皆於此本性空中成辦。」

48 六祖慧能大師云：「汝等諸人自心是佛，更莫狐疑，心外更無一法而能建立，皆是自心生萬種法，經云：心生種種法生，其法無二，其心亦然，其道清淨，無有諸相。汝莫觀淨及空其心，此心無一無可取捨，行住坐臥皆一直心，即是淨土，依吾語者，決定菩提。」

49 經云：法性功勳，隨其心淨，即佛土淨。諸念若生，隨念得果。應物而現，謂之如來。隨應而去，故無所求，一切時中更無一法可得，自是得法，不以得更得。是以法不知法，法不聞法，平等即佛，佛即平等，不以平等更行平等，故云獨一無伴。迷時迷於悟，悟時悟於迷，迷還自迷，悟還自悟，無有一法不從心生，無有一法不從心滅，是以迷悟總在一心，故云：一塵含法界。非心非佛者，真爲本性過諸數量，非聖無辯，辯所不能言。無佛可作，無道可修。經云：「若知如來常不說法，是名具足多聞，即見自心具足多聞。故草木有佛性者，皆是一心。飯食作佛事，衣服作佛事。昔讓和尚與坦然禪師，在荊州玉泉聽律，二人共相謂言，我聞禪宗最上佛乘，何必局此小宗而失大理，遂乃雲遊博問先知，至嵩山宗和尚處。問：如何是祖師西來意旨，師云：何不問自家意旨，問他別人意旨作什麼。問：如何是坦然意旨，師云：汝須密作用，問：如何是密作用，伏請指示，師舉視之，二人當時大悟。」

50 安禪師云：直心是道。何以故，直心直用更不觀空，亦不求方便。經云：「直視不見，直念不思，直受不行，直說不煩，覺禪師云：若悟心無所屬，即得道跡，眼見一切色，眼不屬一切色，是自性解脫。經云：一切法不相屬故，心與一切法各不相知。圓寂尼云：一切法唯心無對，即自性解脫。經云：一切法不與眼作對，何以故，法不見法，法不知法。堯禪師云：了心識性自體恆真，所緣念處，無非佛法。朗禪師云：凡有所見，皆自心現、道似何物，而欲修之。煩惱似何物，而欲斷之。稠禪師云：一切外緣名無定相，是非生滅一由自心。若自心不心，誰嫌是非，能所俱無，即諸相恆寂。慧慈禪師云：夫法性者大道也。法是法身，性是覺性，即衆生自然性也。是以金剛般若如大火聚，三昧焰焰諸累莫入。故稱天上天下唯我獨尊。」

51 法性論云：蓋聞之先覺曰，體空入寂，莫先於見法，尋法窮源，莫妙於得性，得性則照本，照本則達自然，達自然見緣起，見緣起斯見法也。將窮其源必存其要，要而在用者其唯心法乎。心法者神明之營魄精識之丹譬，其運轉也，彌綸於萬行，其感物也會通於羣數，統極而言則無不在矣。顯性論云：一念見性者，見性是凡聖之本體，普遍於一切，而不爲一切之所傾動，在染不染而能辯染，在淨不淨而能辯淨。其性不在一切法，而能遍一切法，若觀一法即不見性，若不觀一法亦不見性，其性不在觀不在不觀。於一衆生身中見心性時，一切衆生悉皆見，於一微塵中見心性時，一切微塵悉皆見。以性遍凡聖善惡故。凡處徹聖處，聖處徹凡處，善惡相徹本性自爾。以一切法，並不得取，並不可捨，性相自爾自性淨故，終日說不得一說，終日聞不得一聞，終日見不得一見，終日知不得一知，並非凡聖之所安立。是故經云：若我出世及不出世，此法常然。」

52　顯宗論云：我此禪門一乘妙旨，以無念爲宗，無住爲本，真空爲體，妙有爲用。夫真如無念，非念想能知，實相無生，豈色心能見。真如無念，念者即念真如。實相無生，生者即生實相。無住而住，常住涅槃。無行而行，能超彼岸，如如不動，動用無窮，念念無求，常求無念，用而常空，空而常用，用而不有，即是真空，空而不無，便成妙有，妙有即摩訶般若，真空即清淨涅槃。般若無見能見涅槃。涅槃無生能生般若。西天諸祖，共傳無住之心，同說如來知見。」

53　般若燈論序云：始夫萬物非有，一心如幻，心如幻故，雖動而恆寂。物非有故，雖起而無生。是以聖人說如幻之心，鑒非有之物，了物非物，則物物性空，知心無心，則心心體寂。達觀之士，得其會歸而忘其所寄，於是分別戲論，不待遣而自除。無得觀門，不假修而已入。蕩蕩焉不出不在，無住無依者也。」

54 澄觀和尚華嚴疏云：上來諸門乃至無盡，不離一心，一心即法界，故起信云：所言法者，謂衆生心，心體即大，心之本智即方廣，觀心起行即華嚴，覺心性相即是佛。覺非外來，全同所覺故，理智不殊，理智形奪雙亡寂照，則念念皆是華嚴性海。則物我皆如泯同平等。爲未了者令了自心，若知觸物皆心方了心性。故梵行品云：知一切法即心自性，成就慧身，不由他悟。然今法學之者，多棄內而外求。習禪之者好亡緣而內照。並爲偏執俱滯二邊。既心境如如則平等無礙。昔曾瑩兩面鏡鑑，一盞燈置一尊容，而重重交光，佛佛無盡。見夫心境互照，本智雙入，心中悟無盡之境，境上了難思之心，心境重重智照斯在。又即心了境界之佛，即境見唯心如來，心佛重重而本覺性一，皆取之不可得，則心境兩亡，照之不可窮，則理智交徹，心境既爾，境境相望，心心互研，萬化紛綸，皆一致也，唯證相應，名佛華嚴矣。」

55 問：見色但見色，如何見心。答：即思思之是阿誰見色。問：豈不是當境者全是不應更求見。答：自思量看是之與不是，莫問他人，若直下見更不圖度。佛法只在方寸，心外斷行蹤，但一心一智慧，離內外中間取受，三際理玄，便入無爲道。問：悟何心是道。答：悟心無心即是道。問：請爲指示。答：指示了也，汝自不見。問：是何物教學人見。答：教渠直下見也不是物。又先德問：即今見何物。答：見本心。問：見與本心爲別不別。答不別。真如體上自有照用，以明故得名爲見以不動故得名爲心。又自性清淨名照，常見自性爲用，故知此心目前顯露，何須問答，豈假推窮，即圓滿門，是成現法。如有學人問忠國師，和尚如何是解脫心。

答：解脫心者本來自有，視之不見，聽之不聞，搏之不得，衆生日用而不知，此之是也。此乃直指目擊道存，今古常然凡聖共有。」

56 此上衆生皆以聞慧入三摩地，故須以音聲而爲佛事，顯示正義，破除邪執，非言不通，此有二義。一者約畢竟門，則實不可說。如起信論云：一切諸法從本已來離言說相離名字相離心緣相。又云：復次究竟離妄執者，當知染法淨法皆悉相待，無有自相可說。是故一切法從本已來，非色非心，非智非識，非有非無，畢竟不可說相而有言說者，當知如來善巧方便，假以言說引導衆生，得其旨趣者皆爲離念歸於真如。以念一切法，令心生滅不入實智故。此是引導一切初發菩提心人，且令自利理行成就，歸於實智究竟指歸心宗矣。二者約方便明，是利他行，故云如來善巧方便，假以言說，引導衆生。又不可一向執發言爲非起念成過。何者，以即言無言，即念無念是知言言契道，念念歸宗。若分別門，不無二說。若畢竟門，言思絕矣。」

57　此事若非大器人無由擔荷。若未親到，徒勞神思，直饒說玄之又玄，妙中更妙，若以方便於稱揚門中，助他信入一期傍讚，即不然。若於自己分上親照之時，特地說玄說妙，起一念殊勝不可思議之解，皆落魔界。所以圓覺經云：虛僞浮心，多諸巧見，不能成就圓覺。又先德偈云：得之不得天魔得，玄之又玄外道玄，拋卻父孃村草裡，認他黃葉作金錢，百丈竿頭快撒手，不須觀後復觀前，如今但似形言跡，紋綵生時皆是執。方便門迷真實道，並是認他黃葉喚作金錢。若大悟之時，似百丈竿頭放身，更不顧於前後。此宗鏡中是一切凡聖大捨身命之處，不入此宗皆非究竟。（宗鏡錄止）

十、佛果禪師示眾

1　師示張持滿曰：要須根本明徹，理地精至，純一無雜。纔有是非，紛然失心，若踏正脈，諸天棒花無路，魔外潛睹不見，深深海底行，高高山上立，始得不驚羣動衆，謂之平常心，本源天真自性也。雖居千萬人中，如無一人相似，此豈粗浮識想，利智聰慧所能識哉。示諭綿密無間，寂照同時，歲月悠久，打成一片，而根本愈牢，密密作用，誠無出此，應當當處全真，則彼我遐邇觸處皆渠，刹刹塵塵，皆在自己大圓鏡中，愈綿愈密，能轉換也。故雪門道，直得乾坤大地，無纖毫過患，猶爲轉句，不見一色，始是半提，直得如此，更須知有向上全提底時節始得，所以德山棒，臨濟喝，皆徹證無生，透頂透底，融通自在，到大用現前處，方能出没，欲人全身擔荷外，退守文殊普賢大人境界。巖頭道，他得底人，只守閑閑地，二六時中，無欲無依，自然超諸三昧。德山亦云：汝但無事於心，於心無事，則虛而靈，寂而照。但只退守，愈退愈明，愈不會愈有力量。異念纔起，擬心纔生，即猛自割斷，令不相續，則智照洞然，步步踏實地，豈有高低憎愛違順揀擇於其間哉。無明習氣，旋起旋消，久之自無力能擾人也。古人以牧牛爲喻誠哉，所謂要長久人耳。直捷省要，最是先忘我見使虛靜恬和，任運騰騰，騰騰任運，於一切法皆無取捨，向根根塵塵，應時脫然自處，孤運獨照，照體獨立，物我一如，直下徹底，無照可立，如斬一綟絲一斬一切斷，便自會作活計去也。佛見法見，尚不令起，則塵勞，業識，自當冰消瓦解。」

2 師示信侍者，百不干懷時，圓融無際，脫體虛凝，一切所爲，曾無疑間謂之現成本分事。及至纔起一毫頭見解，欲承當作主宰，便落在陰界裡，被見聞覺知得失是非籠罩，半醉半醒，打疊不辦。約實而論，但於鬧閧閧處管帶得行，如無一事相似透頂透底，直下圓成，了無形相，不廢功用，不妨作爲，語默起倒，終不是別人。稍覺纖毫滯礙，悉是妄想，直教灑灑落落，如太虛空，如明鏡當臺，如杲日麗天，一動一靜，一去一來，不從外得，放教自由自在，不被法縛，不求法脫，盡始盡終，打成一片，何處離佛法外別有世法，離世法外別有佛法。是故祖師直指人心。金剛般若貴人離相。譬如壯士屈伸臂頃，不借他力，如此省要，好長時自退步體究。令有個落著諦實證悟之地。即是念念遍參無量無邊大善知識也。」

3　師示衆云：若具大根器，不必看古人言句公案，但只從朝起，正卻念靜卻心，凡所指呼作爲，一番作爲，一番更提起審詳，看從何處起，是個什麼物，作爲得如許多。當塵緣中一透一切諸緣靡不皆是，何待撥剔即此便可超宗越格於三界火宅之中，變成清淨無爲清涼大道場也。法華經云：佛子住此地，即是佛受用，經行及坐臥，常在於其中。此一件事，直饒三世諸佛出興，以無量知見，方便接引，亦只有限，歷代祖師，天下老和尚，設千百問答提持亦只有限。不如向自己腳跟下究取，威音王已前空劫那畔自己家珍，隨處受用，也須是大丈夫漢意氣，方有如是作略。亦不依他言語指示不受他欺謾，從朝至夜，入息不居陰界，出息不涉衆緣，極是省要，只爲各各當人自違背此事，向六根門頭認光認影，不得快活，卻云爭奈某甲疑何，且道疑從什麼處來，又道某甲爲甚麼道不得，只你這道不得底是什麼，爲你不能回光直下承當。祖師道，自己分上有如是靈光，有如是自在，一切衆生，流浪情塵不能解脫。假使將此一大事因緣，種種垂示，猶是有機有境，落在情塵，要會麼，直是一念不生，方有少分相應。」

十一、無住禪師開示

1　無住禪師，初得法於無相大師。乃居南陽白崖山，有唐相國杜公，聞師名，一日訪禮。問曰：云何不生，云何不滅，如何得解脫。師曰：見境心不起名不生，不生即不滅，既無生滅即不被前塵所縛，當處解脫。不生名無念，無念即無滅，無念即無縛，無念即無脫。舉要言之，識心即離念，見性即解脫。離識心見性外，更有法門證無上菩提者，無有是處。公曰何名識心見性，師曰，一切學道人隨念流浪，蓋爲不識真心。真心者，念生亦不順生，念滅亦不依寂。不來不去，不定不亂，不取不捨，不沈不浮，無爲無相，活潑潑平常自在。此心體畢竟不可得，無可知覺，觸目皆如無非見性也。公與大衆作禮，稱讚踴躍而去。」

十二、玄沙禪師示眾

1　師云，夫古佛真宗，常隨物現，堂堂應用，處處流輝，隱顯坦然，高低盡照。是以沙門上士，道眼惟先，契本明心，方爲究竟，森羅萬象，一體同源，廓爾無邊，誰論有滯，塵劫中事，都在目前。時人曠隔年深，致乖常體，迷心認物，以背真宗，執有滯空，不遇良朋道友，只自於私作解，縱有商量，渾成意度。及至尋窮理地，不辨正邪，況平生自己未曾撈攎，若乃先賢古德便自知時，克己推功，菴巖石室。古德云，情存聖量，猶落法塵，己見未忘，還成滲漏，不可道持齋持戒，長坐不臥，住意觀空，凝神入定，便當去也，有甚麼交涉。西天外道，入得八萬劫定，凝神寂靜，閉目藏睛，灰身滅智，劫數滿後，不免輪迴。蓋爲道眼不明，生死根源不破。夫出家兒即不然不可同他外道也。莫非真實明達，具大知見，能與諸佛同徹，寂照忘知，虛含萬像。如今甚麼處不是汝，甚麼處不分明，甚麼處不露現，何不與麼會去，若無這個田地，時中爭奈諸般滲漏何。總成虛妄，阿那個便是平生得力處，如實未有發明，切須在急，時中忘餐失寢，似救頭然，如喪身命，冥心自救，放捨閑緣，歇卻心識，方有少許相親，若不如是，明朝後日，盡被識情帶將去，有甚麼自由分，切須注意。」

十三、勝觀法師開示

1　不動一心即入法界：

問：此法界中如何信入。答：但不動一心不住諸法，無能所之證，亡智解之心，則是無信之信，不入之入人法二空，心境雙寂。如大般若經，文殊師利云，繫緣法界，一念法界，不動法界，知真法界不應動搖。謂若言我入法界已動法界。能所兩亡入相斯寂，故不動法界是入法界。大乘千鉢大教王經云，云何方便而得證入無性觀者，菩薩先須當心觀照本性靜寂，悟入滅盡定得心識性，證見清淨，唯清唯淨。證見聖性，自性如如一道寂靜，悟達本原返照見淨。唯照唯瑩，唯瑩唯淨。唯寂唯聖，則是名爲菩薩得入無動涅槃無性觀。故知若有能證則爲有人，若有所證則爲有法。以唯一真法界故則心外無法，不可以法界更證法界。」

2　見地要真：

若未能洞徹我人衆壽本是幻相，非有現有者，雖能不著，乃是勉強抑制，亦即對有之無。見地既未真不但用功費力，而根株猶在，斷靠不住。且縱能抑制不懈，亦是法執。如楞嚴所云，縱令內守幽閑，亦是法塵分別影事是也。其病在一守字，有所守便有所執矣。何故如是，見未徹底故。若徹見我人等相即是非相，是能洞明一切相有即非有也。有即非有，故見如不見。雖萬象紛紜而胸次泰然。則不待抑制而彼自無，何所用其守哉。無所守，則無所執是無法相也。」

3　法法皆如：

行人若領會得法法皆如，而契入之。則亦無所謂空，無所謂有，無所謂中。則亦無妨空，無妨有，且亦無空無假而非中矣。何以故我見情執之病，既都遣盡。則見相即見性頭頭是道，無所不可。故最勝王，維摩詰等經云，五蘊即是法身，生死即是涅槃，煩惱即是菩提。皆顯法法皆如義也。若其少有分別執著未破，則觸途成滯，頭頭不是道，無一而可。縱令一切不著，而猶著一菩提，亦是取相分別，自障覺體。則所謂中者非中，更無論著有偏空矣。凡發心自度度他，以期明心見佛者，扼要之方，全在於此。」

4　道本自然：

行人若昧平等取差別。便心隨法轉。即非法亦成障礙，於差別，見平等。

便法隨心轉。即法法莫非真如。古德所謂迎賓送客，運水搬柴，行住坐臥二六時中，於諸法上拈來便是者，是好一幅無事道人行樂圖也。當知天下本無事，庸人自擾之。於無空有中。取空有相。於無善惡中，思善思惡。妄想紛飛，豈非自擾，拈來便是，自在何如，古德又云，不悟時，山是山，水是水。悟了時，山不是山，水不是水。山是山，水是水者，只見諸法也。山不是山，水不是水者，惟見一如也。」

5　一直行去：

佛說一切法緣生者，意在明其本不生也。若二六時中，世法亦隨緣做。出世法亦隨緣起。卻一眼覷向一切法本不生處，看之。亦不自以爲能看。但於世出世法，正隨緣時，正如是看。正看時，正如是隨緣。可許他是一個伶利漢。內而三際心，歸之不可得。外而一切法歸之本不生。我法有藏身處麼。真乃一了百了，天下太平。

6　一如平等：

凡夫自無始不覺自動以來，久已性相不一。何以故，由於取相。何故取相，由於業識。故必須盡空諸相，剿絕情識，方足語於性相一如。所謂一如平等，惟有諸佛方能究竟。必須既不執實，且虛相亦泯，直至一念不生，並不生亦無，方是一如而不異。故所謂諸法一如者，是只見一如之性，不見諸法之相。不但此也，直須雖一如平等，而亦無所謂一如平等，乃為真一如，真平等。豈業識未空者，所能妄以自負耶。古今多少行人，粗念稍息，便謂已證三昧。習氣仍在，輒云任運騰騰。是皆以混濫為圓融，鮮有不墮落者矣。」

7 直下承當：

須知此清淨性，本無來去一多總別增減，但隨緣現起來去等相耳。因相是隨緣現起，故是虛幻。而性乃本具真實之體。故儘管隨緣現起種種對待之事相，而絕待空寂之本性中，仍未嘗有彼種種相也。其他一異，聖凡，生滅，垢淨，人我，彼此等相，莫不如是。果能如是一眼覷定本不生之心源上觀照入去。便是所謂直指向上。則胸襟當下開豁煩惱當下消除，顛倒妄想當下遠離。如此用功，方是直下承當，可稱善用功人，較之枝枝節節而爲之者，其功效之懸殊，所謂日劫相倍，豈止一日千里而已哉。」

十四、圜悟心要節出

1　示光禪人：

欲得親切。第一不用求。求而得之已落解會。況此大寶藏。亘古亘今歷歷虛明。從無始劫來爲自己根本。舉動施爲。全承他力。唯是休歇到一念不生處。則便透脫。不墮情塵。不居意想。迥然超絕則遍界不藏。物物頭頭。渾成大用。一一皆從自己胸襟流出。古人謂之運出家財。一得永得。受用豈有窮極耶。但患體究處。根腳不牢不能徹證。直須猛截諸緣。令無纖毫依倚。放身捨命。直下承當。無第二個。縱使千聖出來。亦不移易。隨時任運吃飯著衣。長養聖胎。不存知解。可不是省要徑截殊勝法門耶。

2　示民知庫：

七佛已前便與麼。直須硬糾糾緊著頭皮。分明歷落薦取這一片田地穩密。長時乃自會退步。終不道我有見處。我有妙解。何故箇中若立一絲毫能所見刺。則重過山嶽。從上來決不相許。是故釋迦文於然燈佛以無法得授記。盧老於黃梅以本無物親付衣鉢。至於生死之際。纔自擔荷。則如靈龜曳尾。應須淨穢二邊。都不依怙。有心無心。有見無見。似紅爐著一點雪。二六時中透頂透底。灑灑落落。遊此千聖不同途處。直下令純熟。自然成就得箇絕學無爲千人萬人羅籠不住底真實人也。

3　示瑛上人：

道本無言。因言顯道。若真體道之人。通之於心。明之於本。直下脫卻千重萬重貼肉汗衫。豁然契悟。本來明淨。明妙沖虛。寂淡如如。不動真實正體。到一念不生前後際斷處。蹋著本地風光。更無許多惡覺知見。彼我是非。生死垢心。拔白露淨信得及。與他從上來人。無二無別。等閒不作爲。不確執。虛通自在。圓融無際。隨時應節。吃飯著衣。契證平常。謂之無爲無事真正道人。蓋緣根本既明。六根純靜。智理雙冥。境神俱會。無深可深。無妙可妙。至於行履自會融通。喚作得坐披衣向後自看。終不肯只向言句中話路。古人公案間埋沒。鬼窟裡黑山下作活計。唯以悟入深證爲要。自然到至簡至易平常無事處。然亦終不肯死殺坐卻。墮在無事界裡。是故從上作家。古德行棒行喝。立宗旨。明與奪。設照用三要三玄五位偏正。峻機電卷。言前格外旁提正按。只貴當人活卓卓地。千人萬人羅籠不住。知有向上宗乘。終不指注定殺。掘坑埋人。若有如此者。定是弄泥團。非慷慨透脫。真正具眼衲子。所以不吃人殘羹餿飯。被繫驢橛子綴住。不唯埋沒宗風。抑亦自己透脫生死不得。況復展轉將路布窠窟解路傳授與後學。遂成一盲引衆盲。相將入火坑。豈是小禍。復令正宗只見淡薄。祖佛綱紀委地。豈不痛哉。所以學道。先須擇正知正見師門。然後放下複子。不論歲月。用做事綿綿相續。不怕苦硬難入。參取管。須徹去。不見睦州道。未得箇入頭。須得箇入頭處。若得箇入頭處。不得辜負老僧。既操誠日久。大經鉗鎚。洪鑪煆煉。日近日親。田地穩密。只更辨悠久管帶。使如證如悟。始終無間。世法佛法。打成一片。物物頭頭。有出身處。不墮塵機。不爲物轉。鬧市裡十字街頭活活之中。正好著力也。

4 示有禪人：

古人得意之後。向深巖僻洞茅茨石室。大休大歇。放懷履踐。忘名棄利。與世不相關涉。作自己成辨。然後隨緣。不出則已。及至一出。必驚羣伏衆。蓋源深流長也。今既未能入深山窮谷。但只依本分。守淡靜。如箇百不知百不會底人。隨處守見。成得安穩。亦乃忘機之本也。

5　示嚴殊二道人：

參須實參。見須實見。用須實用。證須實證。若纖毫不實即落虛也。此實地乃三世諸佛所證。歷代祖師所傳。惟此一實謂之腳踏實地。初則須大悟。若只認門頭戶底。作窠窟說路布。立機境照用。取捨解會。則不徹也。此透生死要徑。到臘月三十日。一千二百斤擔子。須是自有力量荷負。得行方可翛然獨脫。是故無業國師垂示臣終之際。若一毫凡聖情量未盡。纖毫思慮未忘。便乃輕重五陰去也。古人以生死事大。是以訪道尋師決擇。豈可只學語言。理會古人公案。下得三五百轉好語。便當得也。將知聰明黠慧。皆爲障道之本。要須冥然扣寂。不怕放教身心如土木瓦礫。驀然翻卻業根種子。便乃知非。見學佛學法。如中毒藥相似。然後透出佛法。乃體得本分事也。此非小緣。就分是久參之士。尤宜放下。不擔著禪道。不輕毀上流。愈透徹愈低細。愈高明愈韜晦。作箇百不知百不會無用處底人。行不動塵。言不驚衆。澹然安閒。常行恭敬。始堪保任。於一切違順境界。心不動搖。志無改移。達磨謂之一相三昧。一行三昧。切宜履踐純熟。以至古今作用機緣。便七達八通。亦不留在胸次。等閒蕩蕩地觸著便轉。捺著便動。拘牽惹絆不得。居千人萬人之中。如無一人相似。不是強爲任運如此。更須知末後一語始得參。

十五、悟佛心燈

1　吾人終日思而未嘗思也，終日爲而未嘗爲也，不背理性，而不爲理性所障，不離現實，而不爲現實所囿，日用尋常，即是學道養性，流離顛沛，無殊御風雲游，談笑於生死之際，游戲於聖凡之間，死而不爲死苦，凡而不爲凡惑，身雖在世，而心已離世，故至人常住真心，實未嘗與世流轉浮沈也，經世出世，體用無二，生佛情盡，幻真一味，縱使遍涉苦惡諸趣，而亦無礙無擇自由自在也。

2　湛然朗然，常寂常覺，隨順世緣，洒洒落落，石人高歌，木童唱和，大千世界如逆旅，今古聖賢浮雲過，道德文章，科學哲學，食色名利，邪見妄說，無心修善，而況造惡，此身曾空花水月之不若，日可冷，月可灼，滄海桑田算什麼，一覺三大阿僧祇，三大阿僧祇一覺，無累於形骸，無事乎造作，無菩提可求無煩惱可破，離心意識參透聖凡路學，不憂不懼，不癡不惑，歇意忘機，廓然蕩豁。

㈠一念不存　無復迷情　八風寂寂　五欲冥冥
㈡忘想盡處　了無所求　微塵世界　何愛何尤
㈢恬靜澹泊　博大堅貞　無煩無惑　敢勇敢仁
㈣息念息機　了了常知　忘塵忘情　了了常明

3　一心偈

㈠三祇劫空，法爾如此，宇宙萬象，日月星球，海洋大陸，人我衆生，事物理則，而顯一心，此須契悟，更須徹證，行之匪遠，言之匪近。

㈡真心無念，惺惺寂寂，一念離真，皆屬妄計，直下頓了，不起不息，光明自然，入刹那際，善自護持，萬行不繫，勿助勿忘，當體便是。

㈢識得真心，稱性隨緣，無物無我，無聖無凡，無餘無欠，無實無虛，不取於相，能善分別，息慮忘見，作一切事，如是一心，妙勤莊嚴。

㈣心外無法，豈在言宣，猛虎當路，狐兔盡捐，向上一路，得魚忘筌，得亦無得，玄之又玄，老死病苦，紛擾拘牽，事事無礙，昂然蕩然。

4 莫妄想偈

莫忘想　眼見性　識情絕　打破鏡。

莫忘想　任屈伸　不住相　純天真。

莫妄想　不掩關　本分禪　十指間。

莫妄想　安隱眠　行腳去　常悄然。

5　一點知解

身心世界，聖解凡情，皆是顛倒情識，虛幻浮影，夢覺覺非，覺非亦妄，絕心念意識情，透諸佛諸祖覺，清淨逍遙，自在解脫，但行直心，是非休說，無不爲無爲，無不學無學。

識得本分，綿密保任，心心不異，歷歷孤明，是物非物，是見非見，祇不染汙，前後際斷，大死大活，大力承當，縱横盡得，背觸無方，生本無生，滅亦非滅，純真一如，所向無礙。

6　一點方便

大慧杲說：菩薩人，眼見佛性，須是眼見始得。又說：古人皆明心見性，今時人例是說心說性。

同居世而不同生，同没世而不同死，坐參兼運，亦究亦止，澄潭影寒，碧天孤月，情消識謝，心路迴絕，晴空霹靂，河山變色，靈光透脫，方是眼見佛性時節。

十六、修有為入無為

1　有爲法，不但世間法，佛法亦攝在內。故圓覺經曰，「生死涅槃，猶如昨夢。無起無滅。無來無去。其所證者，無得無失。無取無捨。其能證者，無作無止。無任無滅。於此證中，無能無所。畢竟無證。亦無證者。一切法性，平等不壞。」此中一切法視同夢幻無之。正所謂諸法空相。即不取於相之意也。亦即指示觀一切法如夢幻而空之，便契入如如不動之性。故云一切法性，平等不壞。平等，即是如如。不壞，即是不動也。總之，無論染法淨法，既有此法，便有對待。既成對待，便是有爲，便有生滅。故皆如夢如幻。然而欲證絕待之無爲法，非從對待之有爲法起修不可者，以捨此別無入手處故也。不但觀緣生是有爲法，即覺照本性，亦是有爲法。何以故，覺照即是觀，既有能觀所觀，便成對待故。有對待便有相，便落有爲矣。當知無爲者，無所作爲之謂也。若無所作爲，妄何能除。真何能證。凡何能轉。聖何能成。故無爲法，須從有爲法做出。第一要明白者，是以無爲法爲目的，須借有爲法作路徑。切不可執性廢修。又不可著事昧理。第一要明了者，修有爲法而不住著，便是無爲法也。

十七、一念成佛法要節出

1　機前無教。教後無實。今中言之。機前無教者。謂自性清淨圓明體。從本以來。性自滿足。雜染不垢。修治不淨。無生無滅。猶如虛空。離一切相。一切分別、一切名言。俱不可得。此不可得者。亦不可得。唯爲聖智自證之體。宗門所謂向上一路、千聖不傳也。法華會上。如來首以放光現瑞。助發實相之義。欲令在會法衆。頓了自心。同入普光明智。若在上根利智之士。便於光中。了此一事。更無餘事。咳唾掉臂。無非法華三昧。便何勞彌勒騰疑。世尊開口耶。起信論云。「心真如者。即是一法界大總相法門體。所謂心性不生不滅。一切諸法。唯依妄念而有差別。若離妄念。則無一切境界之相。是故一切法從本以來離言說相。離名字相。離心緣相。畢竟平等。無有變異。不可破壞。唯是一心。故名真如。以一切言說、假名無實。但隨妄念。不可得故。言真如者。亦無有相。謂言說之極。因言遣言。此真如體。無有可遣。以一切法悉皆真故。亦無可立。以一切法皆同如故。當知一切法不可說、不可念。故名爲真如。」無二真心。即一真法界。爲萬法之所因依。一切聖凡依正因果。皆依此無二真心、而爲其體。故曰一法界大總相法門體。寂滅湛然。故云不生。常住不動。故云不滅。所謂常住真心也。既是一真。原無諸相差別。而現見有差別者。皆是妄念橫生分別。若離妄念。則平等大慧。當下現前。湛然一心。寧有差別境界之相。故先德云一翳在目。千華亂空。一妄在心。恒沙生滅。雖則依於妄念而有種種差別境界。實則法法皆真。各住本際。故云一切諸法。從本以來。即是清淨寂滅。非言說、名字、心緣、之所能到。法華經所謂諸法從本來。常自寂滅相。又云諸法寂滅相。不可以言宣也。

恰於言時。全是寂滅體現。奚待言外。別求所宣之理也。此清淨寂滅離緣離相之體。如前所云、一切聖凡依正因果之所依。遍一切有情。平等共有。在聖不增。在凡不減。故曰畢竟平等。雜染不垢。修治不淨。故曰無有變異。猶如虛空。無有二相。故曰不可破壞。一切萬法。但是一心。不妄不變。故曰真如。此真如絕待之體。離一切相。蓋言說名字。但是假設。無有真實。心緣但屬妄念。了不可得也。然此真如之體。非離言說名字心緣。而別有真如之相。其體離相寂滅。不可以相取也。但欲因真如之名。以遣名言之執，非謂真如有相可名也。名言既遣。此真如體。真實無妄。則無可遣。以一切諸法。即是一心。而心真如。本無妄可遣。故一切法。亦即皆真。無可遺也。維摩經云。一切衆生。即涅槃相。不待更滅是也。曰言說。曰名字。曰心緣。當處顯現。便即當處虛寂。契此真理。則無法非真。無法非如。舉手低頭。皆成佛道。若執言說名字心緣。爲有妄法可遣。今遣此妄、以存一心之真。仍是未契於一乘之圓旨也。問、諸妄皆遣。但立一真。何爲不可。答、若真外別有一法。纔言可立。如因有二數。而立一名。今一切諸法。全是真如。無二無別。絕對絕對。又何可立耶。是故以如是義。當知一切法不可以名言說。不可以心念取。故名真如。此究竟離相之體。唯證相應。故曰機前無教也。楞嚴經云。圓明了知。不因心念。古德云。若問曹溪旨。不待更揚眉。豈可執文滯句。如認指以爲月耶。又教後無實者。謂一切衆生。從本以來。未嘗離念。而現差別諸相。皆由於不達一念之心。是緣起法。依他而起。情計有實。即是偏計所執。心外取法。馳逐不已。對經卷則徒存紙墨之見。聞教理則轉增分別之思。皆墮邊邪。難成正覺。宗鏡錄云。一向心外取法。而起文字見者。今還將文字對治。示其真實。若悟諸法本源。即不見有文字。及絲毫發現。方知一切諸法。即心自性。則境智圓融。色空俱泯。當此親證圓明之際。入斯一法平等之時。又有何法是教而可離。何法是祖而可重。何法是頓而可取。何法是漸而可非。則知皆是識心。橫生分別。所以佛祖善巧。密佈權門。廣備教乘。方便逗會。纔得見性。當下無心。乃藥病俱消。教觀咸息。法華經云、但以假名字。引導於衆生。又云、更以異方便助顯第一義。金剛經云、如來說法。如筏喻者。法尚應捨。何況非法。黃葉止啼。故曰教後無實也。

2　今欲返證本源。不必捨妄求真。自作隔礙。蓋一有取捨。便違正宗。任爾盡思度量。轉於佛智、不能得其少分。若知真妄同源。舉凡十世古今、無邊刹海、盡消歸現前一念心性。了此妄心。念念無體。從何起執。執取既離。融歸妙性。妙性無性。一尚不得。豈猶有二以為相待。起信論云。能觀無念者。則為向佛智。所謂觀無念者。即念無念。即生無生。即滅無滅。了此現前一念之心。本無自性。當處便寂。纖塵不立、不可言無。萬法齊彰、不可言有。空有同時。始終一際。因果交徹。德用無邊。如帝網之一珠。光含千影。如大海之一滴。味具百川。一塵遍周於刹海。刹海還攝於一塵。所以一色一香。無非中道。能達之者。法法盡合無生之道。念念皆歸無得之宗。舉手低頭。鼓樂歌頌。畫彩聚沙。皆成佛道。普賢行願品云。一念一切悉皆圓。成就衆生清淨願。如能悟斯玄旨。當下圓成。以視其他權教漸修者。何啻日劫相倍。乃知一念成佛。方成圓教究竟之玄詮。始暢諸佛出世之本懷。而簡至要。至妙至玄。非宿植良因。曾於千萬佛所、種諸善根者。於此根本大法。尚不得聞一偈一句。更何論於信解受持耶。

3　楞嚴會上。阿難尊者自陳所悟曰。銷我億劫顛倒想。不歷僧祇獲法身。億劫顛倒。當下銷亡。不歷僧祇。而獲法身。豈非一念便得。可知位雖凡夫。悟則體同諸佛。正可水邊林下。長養聖胎。蓋頓悟之初。其力未充。難免尚有習氣流注。悟後之修。正宜著力。楞嚴經云。理則頓悟。乘悟併銷。事非頓除。因次第盡。馬鳴祖師云。「菩薩種性根等。發心則等。所證亦等。無有超過之注。」此皆策人悟後精修。至於究竟。勤於福智二嚴。不可懈怠。愼勿謂悟得一念成佛之理。便一概撥無修證。反至莽蕩蕩招禍殃也。又圓教成佛之義。後後之位。雖勝前前。而前前之位。亦具後後。譬如行步到家。步步俱到。若無初步之到。則最後之步。亦不能到。故一味圓融而觀。則步步皆到家之時。豈可僅歸其功於最後。若無一念之悟。則後之所修所證。將爲何物。寧免於果不從因之失。悟此一念成佛之理。直下如理護持去。冥心合道去。念念行解相應去。祇此就是做工夫。方知因該果海。果徹因源。初後不離一心。本末咸居正位。其理於茲益信。總之、若無修前之悟。則其本修之因非正。必墮於心外見法之非。若無悟後之修。則其初悟之力未充。難免夫結習未空之患。凡真實見道之人。必自知其行履。如明眼人行路。不至左撞右搕。自然事理圓修。正助俱得。其有習氣較重者。仍宜理觀事懺。上祈諸聖冥加。定可障滅慧圓。下作羣生依怙。楞嚴會上、佛於大衆了悟淨圓妙心之後。復以四種律儀、安立壇場、放光說咒、十二類生、五十五位、七趣升沈、五陰魔事。殷勤囑咐。誨示諄諄。以使悟後修持。不遇障難。直趨正果。並使末世衆生。依此奉行。同歸覺海。道輝古今。功垂萬代。嗟呼、月日雙輪。可令墮落。妙高山王。可使傾動。無人能報諸佛之恩。

4 世人總謂大公無私。即是無我。或謂但求饒益於他。但願普利一切。以此解爲無我之理。不過說得幾分相似。猶是世間情見。並非見諦之言。

灼知佛法中所謂無我也。華嚴經云。「所見不可見。所聞不可聞。所知不可知。一心不思識。」蓋見已是我。何可更見。聞已是我。何可更聞。知已是我。何可更知。例如見色之時。勿謂我今有眼見於色塵。此色塵全是眼也。亦即色塵全是見也。又不得云我眼由於自心所現。稱之爲眼。亦不得云有我能現此心之所現者。何以故、所現即能現也。所現能現。本不二也。未曾有一法。得入於法性也。若執有我眼我心。便是我相。如楞嚴經所云。知見立知。即爲無明之本。一切色全是眼。不可更見。亦即一切色全是心。不可更見。如謂以眼見色。或謂以心見色。則是以心見心。同於以水洗水。便成迷倒。妄於知見之上。更立一知見也。色也、眼也、心也。凡夫迷惑。妄分別三。復計有我。主宰於是三之上。不知三者但是一相。而一相亦復無性可得。豈可更云有我於色眼及心之外。或於色眼及心之中。以爲主宰耶。色、我也。眼、我也。心、我也。斯即法界之大我也。法界大我。非對人以立我也。統一切諸佛、一切菩薩、一切異生。同此平等法身。一切法即我。我即一切法。非可於法之前、法之後、法之中、法之外。無狀橫計一我。以爲之主宰也。知是義者。則知無我之理。而證無我之大我也。釋尊誕生之時。周行七步。一手指天。一手指地。曰、天上天下。唯我獨尊。此之謂我。豈同於世人之所謂我。盡虛空遍法界。無一刹那時。無一芥子處。無一毫末法。能出法界。亦無一法得與爲伴。心外無法。法外無心。猶如十方虛空。將復以何爲伴。故曰獨尊。此無伴之獨尊。不可見。不可聞。不可知。祇如是見。如是聞。如是知而已。若有見。若有聞。若有知。則是以見見於見。以聞聞於聞。以知知於知。何異於頭上安頭。眼上立眼。無有是處。楞嚴經云。若見是物。則汝亦可見吾之見。云云。又則汝今見物之時。汝既見物。物亦見汝。此已明白指示見非是物。全是自心。無物非見。全是自心。物外無見。見外無物。全物是見。全見是心。無二體也。阿難不悟。猶復請佛再垂慈誨。佛乃告文殊及諸大衆言。十方如來、及大菩薩。於其自住三摩地中。見與見緣。並所想相。如虛空華。本無所有。此見及緣。元是菩提妙淨明體。云何於中、有是非是。文殊、吾今問汝。如汝文殊。更有文殊。是文殊者。爲無文殊。如是、世尊。我真文殊。無是文殊。何以故。若有是者。則二文殊。然我今日。非無文殊。於中實無是非二相。佛言、此見妙明、與諸空塵。亦復如是。本是妙明無上菩提淨圓真心。妄爲色空及與聞見。如第二月。誰爲是月。又誰非月。文殊、但一月真。中間自無是月非月。是以汝今觀見與塵。種種發明。名爲妄想。不能於中、出是非是。由是真精妙覺明性故。能令汝出指非指。此乃抉出衆生見病之原。分明説破。世人執有自我之見、與塵爲緣。而有色空之相遂於唯一絕待之菩提涅槃妙淨明體。發明種種妄想。有我之能見。與物之所見。俱是無始我見虛妄所生。

豈知見處全真。此見非自然生。亦非因緣於明、暗、色、空、而生。亦非明暗諸緣和合而生。此見本即如來藏。常住妙明。不動周圓。妙真如性。若說非則成二。若說是亦成二。均不免於我及我所之過矣。惟聞與知。亦復如是。維摩經云。華嚴菩薩曰。從我起二爲二。見我實相者。不起二法。若不住二法。則無有識。無所識者。是爲入不二法門。故知若纖毫許、見有二法。皆屬識境。即著我及我所。境識俱亡。當處全真。無非不非。無是非是。離一切相。即一切法。如是方契真空無我之理也。」

5 夫空有之義。所該無盡。失其旨者。徒修因於曠劫。得其旨者。則成道於須臾。空故、有義得成。有故、空理乃顯。照像之有。益顯鏡體之空。鏡體之空。乃顯照像之有。此有乃全空以成有。故愈有而愈空。此空乃全有以成空。故愈空而愈有。十方刹海。空無不遍之處。即有無不遍之處。十世古今。空無不遍之時。即有無不遍之時。有無可有。不須滅有。斯爲妙有。空無可空。亦無空相。故號真空。若實有有可有。則其有乃塊然之有。非妙有也。若尚有空可空。則其空乃頑然之空。非真空也。當知斯有爲無有可有之有。有不在空之外也。斯空爲無空可空之空。空常遍有之中也。故此有乃無所不空之有也。斯空乃無所不有之空也。有不捨空而有。空不離有而空。此空有之所以稱爲妙也。於無有可有之有處、顯其空。於無空可空之空處、呈其有。此空有之所以融於圓也。妙則空有一際。圓則空有性離。華嚴經云。「若有若無有。彼想皆除滅。如是能見佛。安住於實際。」是故善悟空有之義者。則永離顛倒諸見。直契法性無生之旨。可謂以少方便。疾得菩提矣。」

6　一念無明。取於空有二相。是爲一切衆生病源。因地倒者。還因地起。此一念心。雖爲迷倒之源。亦即解脫之本。豈可捨此別求奇特不思議者。此一念心。於真無中。無形段。無名相。解不能到。言不能及。是爲不可思議之真空。此一念心。於俗有中。如幻如化。水月鏡花。無中顯現。是爲不可思議之妙有。所謂一念心性。空有同時具足者。亦不過方便開示。强謂同時。非有二禮。而可同時相並。亦非有同時之實法。以容此空有相融也。祇是即法即時。而此即法即時。法爾空有性離。不斷不常。非一非異也。此中玄妙。全在當人善巧悟入。如古德云。「一兔蹲身横古道。蒼鷹瞥見忽來擒。後來獵犬無靈性。猶向枯椿舊處尋。」此極言刹那介爾之心。至促至微。雖在目前難睹。瞥有思量。此刹那心。即成相續。落於境相。猶如獵犬之尋蹤覓影。失之久矣。問、空有二門。爲當是一。爲當是異。答、不可言一。不可言異。若言是一。則性相宛然。非是一也。若言是異。則差別都泯。非是異也。因空故言有。因有故言空。若無於有。不成於空。若無於空。不成於有。空有性離。一異俱泯。言語道斷。心行路絕。唯應智證而已。

7 問、空有既不可言是一。則一相亦泯。何復說言現前一念。答、此言一、有其二義。一、謂此一是啓教之一。二、謂此一是絕待之一。蓋若不假此一以爲啓教方便。則如來大法。何由開示。故云修多羅教。如標月指。學人要當因指見月。不當執指爲月。若執一爲世間情謂之一。便是執指爲月。匪惟不能見月。抑且失指矣。此一是絕待之一。無二可偶之一。故云一亦不爲一。爲欲破諸數。從來佛祖之所謂一念者。欲教人直了即念無念。如幻化見幻化。能見所見。二俱叵得也。即念無念。强名一念。他如一相者。謂即相無相也。即相無相。强名一相。亦名實相。一法者。即法無法也。即法無法。强名一法。亦曰妙法。一心者。即心無心也。即心無心。强名一心。亦曰真心。一行者。即行無行也。即行無行。强名一行。亦曰大行。名異義同。只一念心一切具足。此一念心、本自圓明。本自覺照。故稱圓覺。此一念心。終恆不變曰如。萬法齊現曰來。故曰如來。此一念心。諸佛菩薩。乃至一切異生之所同踐。故曰大道。此一念心、幽隱難知。含藏一切。故曰秘密藏。此一念心、出生萬法。故名心地。所謂一如來。有無量百千名號也。名無得物之功。物無當名之體。一切物如。一切名如。故一切名、無非如來名號也。華嚴經云。「無中無有二。無二亦復無。三界一切空。是則諸佛見。」大集經云。「了了見者。知一切法。無二相也。」若與如是觀行相應。於諸於法。不生二解。一切佛法。疾得現前。初發心時。即得阿耨菩提。知一切法。即心自性。成就慧身。不由他悟。誌公和尚云。「衆生不解修道。便欲遣除煩惱。不知煩惱本空。將道更欲覓道。一念之心即是。何須別處追討。」此一念、即是無緣之靈知。古聖稱爲衆妙之門也。尋玄之士。如之何不思。

8　因地不真。果招紆曲。學道之人。見行俱不可壞。然壞行猶得懺悔更新。壞見則回頭匪易。失之毫釐。差之千里。有志精修之士。必須每日六時、禮拜懺悔。求遇明師益友。指人正知見。如理修行。方能目足兼資。疾速入道。此古德所以竭力提倡先悟後修也。金剛經首言降伏住心。圓覺經首言如來本起因地。大毘盧遮那成佛經首說住心品。楞嚴經七處徵心、八還辨見。法華經先照東方。開初圓信。凡此圓乘教典。其開宗明義。無不首將一心妙法。指示當人。使之了悟。以爲進修之具。今茲所述一念圓頓法門。亦復如是。若在上上根人。單提直入。頓悟圓修。終不執著文言。而迷妙旨。亦不捨離方便。別求究竟。凡初心入此正宗。須貴心行。非徒口說。步步著力。念念相應。制心一處。永絕餘想。則取證菩提。易如反掌。普願法界有情。於此一念成佛之圓宗。同生圓信。開圓解。修圓行。證圓覺。共報如來慈恩也。」

9 問。世尊拈花。迦葉微笑。初祖面壁。慧可受衣。誠以真心絕相。言思路絕。文字性離。云何反效三乘義學。廣陳言說。令趣解路。塞其自悟之門。答、執文爲解。昧性徇言。誠可呵斥。今茲所述。則皆文隨於義。義隨於文。不動一心、而說諸法。不壞諸法。而顯一心。務使見聞之者。因言得旨。頓了自心。不作心境對治。直契性相圓通。如窺圓孔之一隙。已見無際之空。似飲大海之一漚。已具衆流之水。倘能決定信入。可免歷劫之浪修。由茲解行俱圓。不難疾登於覺岸。乃知即念無念。念念盡歸不二之宗。亦復即言無言。言言悉契離微之旨。況夫初心行人。未自省發。瑕瑜不辨。玉石何分。若非憑借佛言祖教。助顯真心。則入道無由。邪修可慮。又因時當末法。異學朋興。善友難逢。明師罕遇。行人以無瘡而反受傷者。比比皆是。所謂我眼本正。因師故邪。如此等人。尤可哀愍。釋迦已去。彌勒未生。末世修行。全賴金典玉函。以作指南。乃免諸過。經云。譬如暗中寶。無燈不能見。佛法無人說。雖慧莫能了。是以迦葉阿難。殷勤結集。馬鳴龍樹。造論傳經。達磨以楞伽印心。黃梅以金剛證悟。果使上上根人。一聞千悟。則藥病俱消。教觀咸息。本不迷津。何勞引路。惟上根罕睹。中士較多。若盡廢方便。單提向上之宗。不為曲通一線。即無以析疑辯僞。起其信心。遣執破情。開其正解。竊慮中下之士。皆將絕分於圓宗。故須廣引諸佛之遺教。採取羣經之玄詮。會百川於一滴。飲者即遍嘗夫百川。和衆味於一盂。食者即飽餐夫衆味。能令見聞獲益。各不唐捐。因言薦道。道非言亦不離言。即教明宗。宗非教亦不異教。庶自證自悟之高賢。既可仰取佛祖之誠言。以資印合。即在尋文索義之輩。若能念念返求不已。其上者、解路已正。必有因解得悟之時。而其下者、但能正信無虧。亦賴熏習而成異熟之果。片言寓目。已叩佛祖之關。一句染神。終成圓頓之種。矧菩薩從初真正發心。乃至成佛。於其中間。皆是信解地。信解又豈可忽乎哉。永明大師云。先以聞解信入。後以無思契同。若入信門。便登祖位。茲篇之作。區區之意。在欲普救末法之弊。以使法界含靈。同圓佛智。共續大覺之心燈。所冀今賢後哲。如能獲睹斯篇。皆是多生積集福智所致。應生難遭之想。如獲希世之珍。淨意深心。殷勤熟覽。一一消歸自己。語語返照心源。但辦肯心。自然得入。切勿堅執己解。祇宜藉教顯心。莫辭久久熏修。尤貴斷疑直入。當知圓光匪外。寶所非遙。佛佛相傳傳此心。祖祖相承承此法也。」

10 一切念即一念。故一切法作一法解。一切即一也。一念即一切念。故一法作一切法解。一即一切也。雖知一切念即是一念。一念即是一切念。而亦不壞一念一切念之相。故一法作一法解。一切法作一切法解。亦一亦一切也。一念一切念。悉皆平等。猶如虛空。故一法不作一法解。一切法不作一切法解。非一非一切也。如是超情離見。絕相忘言。四句不能詮。百非不能惑。是名無上法王。於法得大自在。釋迦佛傳法偈云。法本法無法。無法法亦法。今付無法時。法法何曾法。迦葉祖傳法偈云。法法本來法。無法無非法。何於一法中。有法有不法。第五祖提多迦尊者傳法偈云。通達本法心。無法無非法。悟了同未悟。無心得無法。第七祖婆須密尊者。付法於第八祖佛陀難提。其傳法偈云。心等虛空界。示等虛空法。證得虛空時。無是無非法。第十六祖羅睺尊者付法偈云。於法實無證。不取亦不離。法非有無相。內外云何起。第二十三祖鶴勒尊者入滅時。衆欲共分舍利。起塔供養。臨荼毘訖。尊者忽現身說偈云。一法一切法。一切一法攝。吾身非有無。何分一切塔。凡此偈言。皆是直指現前一念心性。離有離無。非一非多。無是無非。常存常泯。何內何外。不斷不常。匪隱匪顯。恆雜恆純。超善超惡。互遍互攝。亡中亡邊。齊今齊古。圓融超絕。體自如如。令人悟之。頓得成佛也。又第二十四祖師子尊者傳法偈云。正說知見時。知見俱是心。當心即知見。知見即于今。此偈可謂直指無我真際。於一切衆生迷失現前一念心性者。分明道破。至爲親切。何則、如前所云。即時即法。即法即時。無有和合。無有後先。知即是心。心本是知。非有能知之心。待於所知之法。見即是心。心本是見。非有能見之心。待於所見之法。故云正知見時。知見正俱是心。不可更謂以心知。以心見也。又不得謂此知此見之心。屬於能知能見之人。故云當心即知見。非別有我人、具此知見之心也。剎那剎那。均是理智現前。正恁麼時。現恁麼法。無我無人。非心非法。十方無壁落。一道自清虛。故云：

知見即于今也。若悟得此偈。則洞達現前一念心性。而我人衆生壽者諸見。莫不當下銷亡。入於如來知見。可謂一解千從。獲大總持。所有從來佛祖傳心諸偈、以及三藏十二部經。莫不一齊了徹。一切諸法。但是緣起。緣起則無有自性。無有自性。則諸法各不相知。各不相到。設有二法。則有往來。今一切知見。皆即是心。心外無有少法可得。一切只是一法。故無法可以相知相到也。淨名經云。「云何離我我所。謂離二法。云何離二法。謂不念內外諸法。行於平等。云何平等。謂我等涅槃等。所以者何。我及涅槃。是二皆空。」誠以法起之時，不言我起。法滅之時。不言我滅。諸法無我。如何相知。當處出生。當處虛寂。如何相到。此皆由於心外無法。法外無心。故彼我俱絕。境智雙冥。如楞嚴經言。是文殊者。便是有二文殊。今衹一文殊。何言是與非是。又云。「知見立知。即無明本。知見無見。斯即涅槃。」知見之時。正是自心自知。自心自見。

此心之與知與見。乃至與一切法。不得判之爲二。設執爲二。則著我人衆生壽者四相。此是未悟道人。一切通病。凡有修持。未離我相。便不與菩提心相應。甚至墮於魔罥。而不自知。故大毘盧遮那成佛經、首先誡言、當以菩提心爲因也。又金剛經諄諄垂誨。令離我人衆生壽者四見。而稱通達無我法者。真是菩薩。古德云。「直見直聞。即是直道。」若於見上立見。聞上立聞。便是頭上安頭。將心覓心。未達無我之理。違於現量之境。沈於我見深坑。欲得菩提。無有是處。如經言、阿難見阿閦佛國。一見之後。不復更見。蓋無有二法。即無更見。設復更見。則成後念之續。心不住心。究亦無有後念可以相續。惟一切凡夫。不識此理。但爲虛妄相應所縛。以爲前後銜接。聯成一片。如急流水。遠望一際。寧知前流後流。各不相到。前念後念。孤明獨立。各各不相知。各各不相到。其理亦復如是。一念不生。前後際斷。此非遏捺折伏。使之不生一念也。若作遏捺折伏解。即屬邪修。所以學道者如牛毛。得道者如麟角。誠堪浩歎。了此現前一念。性本自空。不待壞之使空。不須滅之使空。不待析之使空。不須推之使空。法爾性空。達此者。謂之一念不生也。此一念心性。孤明無偶。即是前後際斷。永嘉大師所言斷相續心者。即此斷法也。又古德云。「祇許一人承紹祖位。不許有第二人。」佛心經品云。「唯有心法。至心實際。無有一法攀緣至如來處。」此一念心性。本自孤圓明妙。不與萬法爲侶。云何許有第二人來繼祖位。云何能以攀緣法至如來處。拈花密旨。可謂於此全彰。涅槃妙心。是故稱爲無等。何以故。無有上故。無與等故。又所謂前後際斷者。非真有前後際之實法可斷也。此但屬一期施設之談。姑約衆生緣慮之心。稱之爲斷。欲令人了本無生。不於無相續中。妄執實有相續耳。質言之，即緣慮之心。其相似有遷流。其體了不可得。但不見一念起處。即是前後不續。非實有念可斷者。言斷者。欲令人就體消融。得入現前一念心性也。本來此一念心。即念無念。念性尚自空。豈有過去現在未來三世可得。念性本空。如也。雖空而不無顯現。來也。此一念心性。即是如來體性。離此而求佛法。捨此而求佛果。豈非大謬。墮於魔外。念性本空。無有三世之法。亦即無有無量世之法。則本無過去際可去。本無現在際可住。本無未來際可來。此豈非前後際、本自不生。將以何為斷耶。且既無三世無量世之實法。則一念即多劫。多劫即一念。延促由心。求其延促去來之性。寧復可得。法華經云。觀彼久遠。猶若今日。大毘盧遮那成佛經云。「自心本不生。心前後際不可得故。如是知自心性。是超越一劫瑜祇行。」是故能知當念性空。本無前後可續。所得功德。便超一劫瑜祇之行。如此圓頓微妙法門。學道之人。如何任其當面錯過。問、如上宣揚無上法門。甚為奇特。甚為希有。我今承此圓音。不因修習。而得善利。惟一念成佛。其理微密。真參實究。方能悟入。頗慮取相凡夫。仍懷疑惑。未能信受。反至破法、墮於大坑。請再廣引經文祖語。以爲證明。庶見者聞者。咸於最上圓乘。生決定信。答善哉、子之請也。華嚴經世主妙嚴品云。一念之間。悉包法界。又云。一切法門無盡海。同會一法道場中。又云。一念中普現無邊劫。一切衆生福德力解脫門。又云。如來神變無量門，一念現於一切處。又云。汝觀如來於往昔。一念供養無邊佛。又云。一念心中轉法輪。普應羣情無不遍。如來現相品云。三世所有一切劫。一刹那中悉能現。知身如幻無體相。證明法性無礙者。問明品云。文殊法常爾。法王唯一法。一切無礙人。一道出生死。賢首品云。無有分別無功用。於一念頃遍十方。如月光影靡不周。無量方便化羣生。梵行品云。若諸菩薩如是觀行相應。於諸法中。不生二解。一切佛法。疾得現前。初發心時。即得阿耨多羅三藐三菩提。知一切法、即心自性。成就慧身。不由他悟。十地品云。於一念頃。無所動作。悉能往詣一切如來衆會。爲衆上首。普賢行願品云。一念一切悉皆圓。成就衆生清淨願。遺教經云。制心一處。無事不辦。楞伽經云。寂滅者名爲一心。又云。不了心及緣。則生二妄想。了心及境界。妄想則不生。大集經云。了了見者。知一切法無有二相。又云。住一心中。能知一切衆生諸心。觀察衆生心。悉皆平等。楞嚴經云。十方薄伽梵。一路涅槃門。又云、是名大佛頂首楞嚴王具足萬行。十方如來一門超出妙莊嚴路。又云、如幻三摩提。彈指超無學。仁王經云。能起一念清淨信者。是人超過百劫千劫無量無邊恒河沙劫一切苦難。不生惡趣。不久當得無上菩提。大涅槃經云。菩薩了知一切衆生。皆歸一道。又云菩薩於一念頃。悉能量得一切生死。維摩經云。一念知一切法是道場。成就一切智故。月燈三昧經云。一念能了知一切衆生念。衆生即是心。心即是如來。陀羅尼經云。無有一切諸法。是名一字法門。圓覺經云。平等本際。圓滿十方。不二隨順。於不二境。

現諸淨土。又云、圓覺普照。寂滅無二。進趣大乘方便經云。一真境界者。謂衆生心體。從本以來。不生不滅。十地經云。三界虛妄。但一心作。法華經云。觀諸法性。無有二相。又云、爲一大事因緣故。出現於世。又云、十方佛土中。惟有一乘法。又云、唯此一事實。餘二則非真。又云、知第一寂滅。以方便力故，雖說種種道。其實爲佛乘。又云、須臾聞之。即得究竟阿耨多羅三藐三菩提。又云、觀一切法。皆無所有。猶如虛空。無有堅固。不生不出。不動不退。常住一相。是名近處。又云、演暢實相義。開闡一乘法。廣導諸衆生。令速成菩提。起信論云。一切諸法。從本以來。離言說相。離名字相。離心緣相。畢竟平等。無有變異。唯是一心。故名真如。又云、法界一相。即是如來平等法身。又云、如菩薩地盡。滿足方便。一念相應。覺心初起。心無初相。以遠離微細念故。得見心性。心即常住。名究竟覺。又云、所言不覺義者。謂不如實知真如法一故。不覺心起。而有其念。念無自相。不離本覺。又云、以不達一法界故。心不相應。忽然念起。名爲無明。又云以一念相應慧。無明頓盡。名一切種智。大智度論云。除一實相外。其餘盡成魔事。華嚴論云。契一念相應。名十住初心。便成正覺。又云、不如悟一念緣起無生。超彼三乘權學等見。寶藏論云。一切如幻。其幻不實。知幻是幻。守真抱一。誌公和尚道體不二歌云。一念之心即是。何須別處追討。大道只在目前。迷倒凡夫不了。永明大師云。即於一念生死心中。能信有諸佛不思議事。甚爲難得。又云、若悟入宗鏡中。則成佛不離一念。若謂前念是凡。後念是聖。此猶是別教所收。今不動無明。全成真覺。故曰圓教。又云、如今一念纔起。了不可得。無有處所。是過去佛。過去不有。未來亦空。是未來佛。即今念念不住。是現在佛。但一念起時。莫執莫斷。不取不捨。則三際無蹤。一念圓具十法界。非因非果。而因而果之法。若能如是而達者。

則念念相應。念念成佛。凡聖悉等。今古皆齊。又云、若能了生無生。知妄無妄。一念心寂。萬慮俱消。智者大師釋一念心以為觀境。能了妄念無一異相。達此無相。具一切心。三千具足。台宗各書。已詳言之。永嘉大師證道歌云。心鏡明。鑒無礙。廓然瑩徹周沙界。萬象森羅影現中。一顆圓珠非內外。傅大士頌云。還原去。何須次第求。法性無前後。一念一時修。千頃和尚云。只為衆生從無始劫來。瞥起一念。從此奔流不已。所以佛出世來。令滅意根。絕諸分別。一念相應。便成正覺。惟政和尚云。一念得心。頓超三界。古德云。不得一法。稱曰傳心。又云、安知一念蒙光處。億劫昏蒙滅此時。以上不過約略引證。其他衆多。曷勝枚舉。況夫舉要言之。十方諸佛。歷代祖師。若捨此現前一念心性。即無可說之法。即無可傳之心。凡所謂一法、一相、一性、一心、一道、一句、一音、一智、毛端、微塵、剎那各語。皆指此現前一念心性而言也。又釋迦如來一代時教。華嚴一經。最尊最勝。至大至圓。極廣極深。惟玄惟妙。此純音無塵之圓乘。全是欲令衆生於一念自心中。頓見如來廣大智慧。證窮法界也。惟其如是。故是經稱爲諸經之王。書寫讀誦。福德遍於虛空。解義受持。聖果成於俄頃。龍天擁護。感應非輕。豈有智人。不加崇奉。

11　所謂自心尋求者。須真了悟自心二字。究係何指。曰自心者。謂不依他而起之心也。謂無所住而生之心也。依他而起。有住而生。此但是前塵緣影分別之妄識。而非離緣絕相、圓明普照之自心也。楞嚴經云。「圓明了知。不因心念。」古德云。「學道之人貴識心。細中之細最難尋。可中尋到無尋處。始信凡心是佛心。」此偈可謂善識自心矣。行人每於自心二字。作吾心、我心解。此是顛倒妄見。如空中華、及第二月亟宜回頭猛省。次應了悟尋求之義云何。夫尋求者。非用妄心、分別卜度籌量推想、而謂之求也。維摩經云。「夫求法者。非有色受想行識之求。非有界入之求。非有欲、色、無色之求。夫求法者。不著佛求。不著法求。不著衆求。夫求法者。無見苦求。無斷集求。無造盡證修道之求。所以者何。法無戲論。若言我當見苦、斷集、證滅、修道。是則戲論。非求法也。法名寂滅。若行生滅。是求生滅。非求法也。法名無染。若染於法。乃至涅槃。是則染著。非求法也。法無行處。若行於法。是則行處。非求法也。法無取捨。若取捨法。是則取捨。非求法也。法無處所。若著處所。是則著處。非求法也。法名無相。若隨相識。是則求相。非求法也。法不可住。若住於法。是則住法。非求法也。法不可見聞覺知。若行見聞覺知。是則見聞覺知。非求法也。法名無爲。若行有爲。是求有爲。非求法也。是故舍利弗。若求法者。於一切法。應無所求。說是語時。五百天子、於諸法中。得法眼淨。」無求之求。是爲真求。法法不相知。心心不相到。

豈可以法求法。以心求心。猶之騎牛覓牛。轉增迷悶。然此無求之求。非是莽莽蕩蕩。撥無修證。謂之無求。祇是體此離塵離緣。不依他起之自心。觀行相應。說名爲求。此不依他而起之自心。本無貪著。今即心隨順自性而行施。非有能施之人。起心而行所施之法也。自心本無染污。今即心隨順自性。不持不犯而行戒。非有能戒之人。起心而持所戒之法也。自心本無違逆。今即心隨順自性、而行忍辱。非有能忍之人。起心而行所忍之事也。自心本來無雜無退。今即心隨順自性、而行精進。故云、知心本不生。精進無有涯也。自心本寂。並離寂想。今即心隨順自性而住禪定。故云禪定持心常一緣也。若以禪爲能持。心爲所持。即是異緣。而非一緣矣。自心本自神鑒。念即心隨順自性、而顯智慧。故云智慧了境同三昧也。境現全是智現。智如境如。只如如智、緣無相之境。如如境、相無緣之智。境智如如。不可思議。是爲了境同三昧也。是故菩薩念念常以萬行莊嚴自心。念念常以捨離一切、廣大自心。念念常以性戒潔淨自心。念念常以忍辱。坦蕩自心。念念常以一相、精進自心。念念常以寂定、安住自心。念念常以無依智慧、朗耀自心。念念常以善巧方便、磨瑩自心。念念常以殊勝行願。攝受自心。念念常以止觀、寂照自心。念念觀一切法。無非自心。自心與一切法。無二無別。亦無無二之相。心即諸法。諸法即心。若於一法中、起毫末見者。即不如實。即失自心。即失菩提。若謂心生諸法。如根生幹、幹生枝、枝生葉、次第生起者。此則有縱之失。若謂心含諸法。並列而生。如枝幹並起者。此則有橫之失。當知不生之生。非縱非橫。不並不別。無有一法、在於心外。亦無有心、在於法外。無有一法、在於心中。亦無有心、在於法中。知無一法、在於心外。亦無有心、在於法外者。則無縱之失。知無一法、在於心中。亦無有心。在於法中者。則無橫之失。祇是法全是心。心全是法。如波全是水。水全是波。無能生者。無所生者。故曰菩提心生。是真無生無不生也。如是知者。方是以自心尋求菩提。及一切智也。方是如實知自心也。方是以菩提心爲本修因也。華嚴經入法界品。彌勒菩薩告善財童子言。「善男子、菩提心者。猶如種子。能生一切諸佛法故。菩提心者。猶如良田。能長衆生白淨法故。菩提心者。猶如大地。能持一切諸世間故。菩提心者。猶如淨水。能洗一切煩惱垢故。云云云。善男子、菩提心者，成就如是無量功德。舉要言之。應知悉與一切諸佛功德等。何以故。因菩提心，出生一切諸菩薩行。三世如來，從菩提心而出生故。」云云。云。試觀善財童子。遍參諸善知識。於一一善知識前。必先自陳已發阿耨多羅三藐三菩提心。此即明告未來世衆生。不如實知菩提心者。則不能親近善知識。則不能行菩薩行。則不能生如來家。則不能承事十方諸佛。則不能聽聞受持諸佛妙法。則不能成就出世善根。則不能出於生死險道。則不能爲一切衆生、作大利益。可歎世人不察。祇以希求作佛。便謂已發菩提心。轉增生死結業。夫希求作佛。此爲凡夫向道之動機。固屬可嘉。然須由希求作佛之志向。進而尋求菩提心。以爲本修因。乃免諸過。非可逕執此希求佛果之心。以爲即是菩提心。反至增長無明邪見也。何則、此一念希求之心。即是貪染。與尋常忻榮慕盛之心。究屬相類。堅執此心以爲修行。以妄增妄。其貪著之心。潛滋暗長。猶不自覺。日爲魔伴。尚謂我將成佛。哀哉。行人慧眼未開。若妄執己見己解。便是魔所攝持。自身全是魔身。豈待他魔來著。楞嚴會上、釋迦如來首爲七處徵心。指示二種根本。次則八還辯見。於五陰、十八界、七大、以及世界、衆生、業果、三種相續之因由。歷歷剖析。令諸大衆。審察因地發心。及煩惱根本。又慮一切衆生。疑爲身心二相。既皆是幻。云何以幻修幻。故復爲比較六根功德。繫鐘驗常。綰巾示結。使知因地倒者。還因地起。因心迷者。還因心悟。並勅二十四聖、自陳圓通。以示五陰、七大、十八界。門門皆可入道。再勅文殊。揀擇一番。繼以四種律儀。應先戒除殺盜淫妄。由是放光說咒。誨示安立壇場之法。猶慮末世行人。不知一念心性。即具十二類生。猶見有心外衆生。故歷歷舉示。不憚繁述。又慮行人但執頓悟之理。而廢漸次之事。將不免於習氣流注。再爲指示三種漸次。以及五十五位之進修行相。繼之以七趣、六欲天、初禪。二禪。三禪。四禪。四空定、使知升沈之根源。受報之業相。最後則縷述五十陰魔之相必期於圓滿菩提。歸無所得。始稱究竟。以使行人自知審察其修證之是否如實。得以遠離魔事。設不識菩提心相。以爲持咒行法。即無魔事發生。則世尊誨示安立壇場之後。此楞嚴一經。即可終卷。何爲金口丁寧。必以審察邪正。殷勤付囑耶。魔能壞一切印。不能壞實相印。一切天魔。皆能幻身作佛。迷惑行人。若不知以實相之理勘之。未有不墮羣邪者。何謂實相。如實知自心。即是實相。祖師云。「自知不隨他。寂滅無戲論。無異無分別。是則名實相。」今此一篇。反覆敷陳。無非於無說無示之中。說示菩提心相。凡初心行人。不問其修禪、修淨、修教、修密。皆須先於菩提心相。如實省發。方免有認賊爲子之害。果能一念相應。則一切佛法。疾得現前。無功之功。功齊諸聖也。問如實知自心者。云何境界。答、非有境界。非無境界。雖非以空空無境界爲悟。亦非以奇妙有境界爲悟。唯證乃知。不可懸揣。至於行人善根發時。若覺六根通利。觀慧轉明。心性轉顯。如鳥出籠。不倚不著。漸入微細智慧。如是方爲善境。然亦不可生歡喜心。或生有所得心也。生歡喜心。則著歡喜魔。生有所得心。則著我慢魔。必招邪果。爲害匪淺。愼之愼之。

12 問、茲篇所述。皆是囊括羣經之要旨。純演一乘圓音。直指普門法眼。今不日眞語。而日幻語。竊恐根淺智劣之流。見之而生輕慢之心。聞之不起隆重之想。答、子亦知幻之爲義乎。毘婆尸佛偈云。身從無相中受生。猶如幻出諸形像。幻人心識本來無。罪福皆空無所住。尸棄佛偈云。起諸善法本是幻。造諸惡業亦是幻。身如聚沫心如風。幻出無根無實性。毘舍浮佛偈云。假借四大以爲身。心本無生因境有。前境若無、心亦無。罪福如幻起亦滅。拘留孫佛偈云。見身無實是佛見。了心如幻是佛了。了得身心本性空。斯人與佛何殊別。迦葉佛偈云。一切衆生性清淨。從本無生無可滅。即此身心是幻生。幻化之中無罪福。釋迦佛偈云。幻化無因亦無生。皆即自然、見如是。諸法無非、自化生。幻化無生無所畏。諸佛傳心。不離了幻。執幻則隨生死之流。了幻則順涅槃之道。華嚴經云。「不見十力空如幻。雖見非見如盲睹。分別取相不見佛。畢竟離著乃能見。」又云。「智慧巧方便。了世皆如幻。而能現世間。無邊諸幻法。」又云。「諸業從心生。故說心如幻。若離此分別。普滅諸有趣。譬如工幻師。普現諸色像。徒令衆貪樂。畢竟無所得。世間亦如是。一切皆如幻。無性亦無生。示現有種種。度脫諸衆生。令知法如幻。衆生不異幻。了幻無衆生。衆生及國土。三世所有法。如是悉無餘。一切皆如幻。幻作男女形。及象馬牛羊。屋宅池泉類。園林華果等。幻物無知覺。亦無有住處。畢竟寂滅相。但隨分別現。菩薩能如是。普見諸世間。有無一切法。了達悉如幻。衆生及國土。種種業所造。入於如幻際。於彼無依著。」日本弘法大師云。「願我以此幻化身業。願我誦此幻化真言。願我化此幻化有情。願我證此幻化菩提。」是故若了如幻之一心。則悟甚深緣起。三世五陰。當體凝寂。一切衆緣所生之法。本無自性。如幻如化。寧有一法足以當情。自然不與法縛。不求法脫。終日言而未嘗一言。終日見而未嘗一見。無功而一切自辦。無爲而一切皆成。蓋見一念之本際者。凡所施爲。悉與道合。凡所言說。悉與宗通。彼凡夫之著能所。小乘之滅能所。皆未知法性如幻。無根無實耳。能所平等。同於幻化。何由執著。何須滅證。此一念心。本無能所。能所盡處。名爲見性。遍一切時。遍一切處。遍一切法。平等平等。無二無二。如是悟者。名爲能所盡處。問、然則莫不斷滅否。答。諸幻無性。住尚不得。云何斷滅。隨時而不在時。隨方而不在方。超太虛之虛。極萬有之有。欲取則千遍虛空。云何自捉。欲捨則經行坐臥。常在其中。此如幻不思議解脫法門。千聖同轍。決定無二。但須一念相應。何煩累劫多聞。問、悟幻即佛。理義幽玄。若非上根。驟難信入。仍乞再立一名。俯爲中下之機。助其聞思之慧。答、子言良然。亦名一念成佛法要可矣。問、今解此一念成佛之理。專修淨土如何。答、善哉善哉。子能如是。何殊古佛出世。安樂集云。「若人菩提心中。行念佛三昧者。一切煩惱。一切諸障。悉皆除滅。」楞嚴經云。「不假方便。自得心開。如人海之船。乘順風而速濟。似輪王之子。甫墮地而稱尊。可謂應念而覲彌陀。剎那便生淨土矣。」

13問、遍一切時。遍一切處。遍一切法。平等平等。無二無二。是爲能所盡處。此義幽玄。離微乃知。竊恐初心行人。無正方便。及正思惟。聞此一相三昧。仍生迷悶。惟願不捨大慈。假說方便。令其疑盡惑消。圓悟如來知見。答、一切諸法。其性無二。匪色與眼爲對。無聲與耳爲緣。色虛眼虛。虛虛何見。聲寂耳寂。寂寂何聞。虛不睹虛。故曰無見。寂不聽寂。故曰無聞。無見之見。見遍十方。無聞之聞。聞通一切。方見之際。不得眼亦不得色。全是見性了了而如如。當聞之時。不得耳亦不得聲。全是聞性惺惺而寂寂。何則、色眼與見。體非有二。聲耳與聞。性常是一。息見歸於一心。歸一心於無性。即知空而常用。用而常空。非心生根。非心生塵。非根生心。非塵生心。非心、根、塵。和合而起。非根、塵二。

和合生心。根塵即心。法性常遍。即心性常遍。心即根塵。心性恆周。即法性恆周。心法無二。無二亦無。心法平等。平等亦平。此法界法爾之理。若有一刹那時不遍。及有一芥子處不遍者。則成斷滅。則失圓常。是故舌遍虛空。無從開口。身周法界。莫自睹形。猶如滿瓶之水。不得增減絲毫。恰似十五月輪。無可盈虧一線。倘入斯宗。智齊大覺。敬告十方善信。亟宜當下知歸、一車若阻。一切車悉滯於長途。一念若通。一切念齊趣於覺海。未信者宜生正信。已信者宜勤觀行。捨盡聖凡之見。息盡取捨之情。但向非空非有、無住無依之一念。痛下工夫。似從絕壁之巔。懸崖之頂。放身直下。更不顧後慮前。境智俱亡。亡亦叵得。設不如是。皆非究竟。或貪玄妙。或冀神通。必作魔民、難爲佛子、浮心巧見、欲遊如來大寂滅海。是猶南轅而欲至燕。北行而欲至粵也。

十八、開示求向大乘經節出

1 爾時堅淨信菩薩摩訶薩問地藏菩薩摩訶薩言。如何開示求向大乘者進趣方便。地藏菩薩摩訶薩言。善男子。若有衆生欲向大乘者，應當先知最初所行根本之業，其最初所行根本業者。所謂依止一實境界。以修信解。因信解力增長故。速疾得入菩薩種性。所言一實境界者。謂衆生心體從本以來不生不滅，自性清淨無障無礙。猶如虛空離分別故。平等普遍無所不至。圓滿十方究竟一相。無二無別不變不異無增無滅。以一切衆生心一切聲聞辟支佛心一切菩薩心一切諸佛心皆同不生不滅無染寂靜真如相故。所以者何。一切有心起分別者，猶如幻化無有定實。所謂識受想行憶念緣慮覺知等種種心數。非青非黃非赤非白。亦非雜色，無有長短方圓大小。乃至盡於十方虛空一切世界求心形狀。無一區分而可得者。但以衆生無明癡闇熏習因緣。現妄境界令生念著、所謂此心不能自知。妄自謂有，起覺知想計我我所。而實無有覺知之想。以此妄心畢竟無體不可見故。若無覺知能分別者，則無十方三世一切境界差別之相。以一切法皆不能自有。但依妄心分別故有。所謂一切境界各各不同。自念為有。知此為自。知彼為他。是故一切法不能自有則無別異。唯依妄心不知不了。內自無故。謂有前外境界妄生種種法想。謂有謂無謂彼謂此。謂是謂非謂好謂惡。乃至妄生無量無邊法想。當如是知。一切諸法皆從妄想生。依妄心為本。然此妄心無自相故。亦依境界而有。所謂緣念覺知前境界故。說名為心。又此妄心與前境界。雖俱相依起無先後。而此妄心能為一切境界原主。所以者何。謂依妄心不了法界一相故。說心有無明。依無明力因故現妄境界。亦依無明滅故一切境界滅。非依一切境界自不了故。說境界有無明。亦非依境界故生於無明。以一切諸佛於一切境界不生無明故。又復不依境界滅故。無明心滅。以一切境界從本以來體性自滅未曾有故。因如此義。是故但說一切諸法依心爲本。當知一切諸法悉名爲心。以義體不異爲心所攝故。又一切諸法從心所起。與心作相和合而有。共生共滅同無有住。以一切境界但隨心所緣念念相續故。而得住持暫時爲有。如是所說心義者。有二種相。何等爲二。一者心內相。二者心外相。心內相者。復有二種。云何爲二。一者真。二者妄。所言真者。謂心體本相如如不異。清淨圓滿無障無礙微密難見。以遍一切處常恆不壞，建立生長一切法。故所言妄者。謂起念分別覺知緣慮憶想等事。雖復相續能生一切種種境界。而內虛僞無有真實不可見故。所言心外相者，謂一切諸法種種境界等隨有所念境界現前故。知有內心及外心差別。如是當知。內妄想者爲因爲體。外妄相者爲果爲用。依如此等義。是故我說一切諸法悉名爲心。又復當知。心外相者。如夢所見種種境界。唯心想作無實外事。一切境界悉亦如是。以皆依無明識夢所見妄想作故。復次應知。內心念念不住故。所見所緣一切境界。亦隨心念念不住。所謂心生故種種法生。心滅故種種法滅。而生滅相但有名字實不可得。以心不往至於境界。境界亦不來至於心。如鏡中像無來無去。是故一切法求生滅定相了不可得。所謂一切法畢竟無體。本來常空實不生滅故。如是一切法實不生滅者。則無一切境界差別之相。寂靜一味名爲真如第一義諦自性清淨心。彼自性清淨心湛然圓滿。以無分別相故。無分別相者。於一切處無所不在。無所不在者。以能依持建立一切法故。復次，彼心名如來藏。所謂具足無量無邊不可思議無漏清淨功德之業。以諸佛法身從無始本際來，無障無礙自在不滅。一切現化種種功業。恆常熾然未曾休息。所謂遍一切世界皆示作業。種種化益故。以一佛身即是一切諸佛身。一切諸佛身即是一佛身。所有作業亦皆共一。所謂無分別相。不念彼此平等無二。以依一法性而有作業同。自然化體無別異故。如是諸佛法身遍一切處。圓滿不動故。隨諸衆生死此生彼恆爲作依。譬如虛空悉能容受一切色像種種形類。以一切色像。種種形類皆依虛空而有。建立生長住虛空中。爲虛空處所攝。以虛空爲體，無有能出虛空界分者。當知色像之中虛空之界不可毀滅。色像終壞時還歸虛空。而虛空本界無增無減不動不變。諸佛法身亦復如是。悉能容受一切衆生種種果報。以一切衆生種種果報。皆依諸佛法身而有。建立生長住法身中。爲法身處所攝。以法身爲體。無有能出法身界分者。當知一切衆生身中諸佛法身亦不可毀滅。若煩惱斷壞時還歸法身。而法身本界無增無減不動不變。但從無始世來與無明心俱，癡妄因緣熏習力故現妄境界。以依妄境界熏習因緣故。起妄想相應心計我我所。造集諸業受生死苦。說彼法身名爲衆生。若如是衆生中法身熏習而有力者。煩惱漸薄能厭世間求涅槃道。信歸一實修六波羅密等一切菩提分法。名爲菩薩。若如是菩薩中修行一切善法滿足究竟得離無明睡者。轉名爲佛。當知如是衆生菩薩佛等。但依世間假名言說故有差別。而法身之體畢竟平等無有異相。善男子。是名略說一實境界義。若欲依一實境界修信解者，應當學習二種觀道。何等爲二。一者唯心識觀。二者真如實觀。學唯心識觀者。所謂一切時一切處。隨身口意所有作業。悉當觀察知唯是心。乃至一切境界若心住念皆當察知，勿令使心無記攀緣不自覺知，於念念間悉應觀察。隨心有所緣念。還當使心隨逐彼念令心自知。知己內心自生想念。非一切境界有念有分別也。所謂內心自生長短好惡是非得失衰利有無等見無量諸想。而一切境界未曾有想起於分別。當知一切境界自無分別想故。即自非長非短非好非惡。乃至非有非無離一切相。如是觀察一切法唯心想生。若使離心則無一法一相而能自見有差別也。當應如是守記內心知唯妄念無實境界勿令休廢。是名修學唯心識觀。

若心無記不知自心念者。即謂有前境界。不名唯心識觀。又守記內心者。則知貪想瞋想及愚癡邪見想。知善知不善知無記知心勞慮種種諸苦。若於坐時隨心所緣。念念觀知唯心生滅。譬如水流燈炎無暫時住。從是當得色寂三昧。得此三昧已。次應學習信奢摩他觀心。及信毗婆舍那觀心。習信奢摩他觀心者。思惟內心不可見相圓滿不動無來無去。本性不生離分別故。習信毗婆舍那觀心者。想見內外色隨心生隨心滅。乃至習想見佛色身。亦復如是。隨心生隨心滅。如幻如化。如水中月。如鏡中像。非心不離心。非來非不來。非去非不去。非生非不生。非作非不作。善男子。若能習信此二觀心者，速得趣會一乘之道。當知如是唯心識觀。名爲最上智慧之門。所謂能令其心猛利長信解力疾入空義。得發無上大菩提心故。若學習真如實觀者。思惟心性無生無滅。不住見聞覺知。永離一切分別之想。漸漸能過空處識處無少處非想非非想處等定境界相。得相似空三昧。

得相似空三昧時。識想受行麤分別相不現在前。從此修學爲善知識大慈悲者守護長養。是故離諸障礙勤修不廢。展轉能入心寂三昧。得是三昧已。即復能入一行三昧。入是一行三昧已。見佛無數發深廣行。心住堅信位。所謂於奢摩他毗婆舍那二種觀道。決定信解能決定向。隨所修學世間諸禪三昧之業。無所樂著。乃至遍一切善根菩提分法。於生死中無所怯畏不樂二乘以依能習向二觀心。最妙巧便衆智所依行根本故。復次。修學如上信解者。人有二種。何等爲二。一者利根。二者鈍根。其利根者，先已能知一切外諸境界唯心所作虛誑不實如夢如幻等，決定無有疑慮。陰蓋輕微散亂心少，如是等人。即應學習真如實觀。其鈍根者，先未能知一切外諸境界悉唯是心虛誑不實故。染著情厚蓋障數起心難調伏。應當先學唯心識觀。

十九、禪宗正脉節出

1　法融禪師。一日請四祖道信禪師說真法要。祖曰。夫百千法門同歸方寸。河沙妙德總在心源。一切戒門定門慧門神通變化。悉自具足不離汝心。一切煩惱業障本來空寂。一切因果皆如夢幻。無三界可出。無菩提可求。人與非人性相平等。大道虛曠絕思絕慮。如是之法汝今已得更無缺少。與佛何殊更無別法。汝但任心自在。莫作觀行。亦莫澄心。莫起貪瞋。莫懷愁慮。蕩蕩無礙。任意縱橫。不作諸善。不作諸惡。行住坐臥觸目遇緣。總是佛之妙用。快樂無憂故名爲佛。師曰。心既具足。何者是佛。何者是心。祖曰。非心不問佛。問佛非不心。師曰。既不許作觀行。於境起時心如何對治。祖曰。境緣無好醜。好醜起於心。心若不強名。妄情從何起。妄情既不起。真心任遍知。汝但隨心自在。無復對治。即名常住法身無有變異。吾受璨大師頓教法門。今付於汝。汝今諦受吾言只住此山。向後當有五人達者。紹汝緣化。祖付法訖。遂返雙峯終老。師自是法席大盛。

二十、續傳燈錄節出

1　妙喜大慧宗杲禪師闡揚宗教時。有同時號稱宗師說法以寂照靜嘿爲本者，見士大夫爲塵勞所障方寸不寧便爲言。令寒灰枯木去，一條白練去，古廟香爐去。冷湫湫地去。謂此法門可休歇人身心。師以爲如此見解墮在黑山下鬼窟裡。教中謂之昏沈。殊不知這箇猢猻子不死。如何得休歇。來爲先鋒去爲殿後底不死。如何得休歇。故師每力排之，謂之邪師寂照禪斷佛慧命。千佛出世不通懺悔。一日室中坐。有鄭昂尚明者。持一瓣香來怒氣可掬。聲色俱厲云。昂有一片香未燒在。欲與和尚理會一件事。只如默然無言。是法門中第一等休歇處。和尚肆意詆訶。昂心疑和尚不到這田地。所以信不及。且如釋迦老子在摩竭提國。三七日中掩室不作聲。豈不是佛默然。毗耶離城三十二菩薩各說不二法門。末後維摩無語文殊讚善。豈不是菩薩默然。須菩提在巖中宴坐無言無說。豈不是聲聞默然。天帝釋見須菩提在巖中宴坐。乃雨花供養亦無言說。豈不是凡夫默然。達摩游梁歷魏少林冷坐九年。豈不是祖師默然。魯祖見僧便面壁。豈不是宗師默然。和尚因什麼卻力排默照以爲邪非。師曰。汝曾讀莊子麼。云。是何不讀。師曰。莊子云言而足終日言而盡道。言而不足終日言而盡物。道物之極。言默不足以載。非言非默義有所極。我也不曾看郭衆解並諸家註解。只據我杜撰說破汝這默然。豈不見孔子一日大驚小怪道。參乎吾道一以貫之。曾子曰。唯。汝措大家纔聞箇唯字。便來這裡惡口。卻云這一唯與天地同根。萬物一體。致君於堯舜之上。成家立國出將入相。以至啓手足時不出這一唯。且喜没交涉。殊不知這箇道理。便是曾子言而足。孔子言而足。其徒不會卻問何謂也。曾子見他理會不得。卻向第二頭答他話。謂夫子之道不可無言。所以云。夫子之道忠恕而已矣。要之道與物至極處不在言語上。不在默然處。言也載不得。默也載不得。公之所說尚不契莊子意。何況要契釋迦老子達磨大師意耶。汝要理會得莊子非言非默義有所極麼。便是雲門大師拈起扇子云。扇子㨁跳上三十三天築著帝釋鼻孔東海鯉魚打一棒雨似傾盆。汝若會得雲門這箇說話。便是莊子說底。曾子說底。孔子說底一般。昂遂無語。師曰。汝雖不語心猶未伏在。然古人決定不在默然處坐地明矣。汝適來舉釋迦掩室維摩默然。且看舊時有箇坐主喚作肇法師。把那無言說處。說出來與人云。釋迦掩室於摩竭。淨名杜口於毗耶。須菩提唱無說以顯道。釋梵絕聽而雨花。斯皆理爲神御。故口以之而默。豈曰無辯辯所不能言也。這箇是理與神忽然相撞著。不覺到說不得處。雖然不語。其聲如雷。故曰。豈曰無辯辯所不能言也。這裡世間聰明辯才用一點不得。到得恁麼田地方始是放身捨命處。這般境界須是當人自證自悟始得。所以華嚴經云。如來宮殿無有邊。自然覺者處其中。此是從上諸聖大解脫法門。無邊無量無得無失無默無語無去無來。塵塵爾剎剎爾念念爾法法爾。只爲衆生根性狹劣，不到三教聖人境界。所以分彼分此。殊不知境界如此廣大。卻向黑山下鬼窟裡默然坐地。故先聖訶爲解脫深坑。是可怖畏之處。以道眼觀之。則是刀山劍樹鑊湯鑪炭裡坐地。一般坐主家尚不滯在默然處。況祖師門下客。卻道纔開口便落今時。且喜没交涉。昂不覺作禮。師曰。公雖作禮然更有事在。至晚來入室。師問曰。今年幾歲。云六十四。又問。汝六十四前從什麼處來。昂又無語。師遂以竹篦打出。次日又來室中云。六十四年前尚未有昂在。如何和尚卻問昂從什麼處來。師曰。汝六十四年前不可元在福州鄭家。只今這聽法說法一段歷歷孤明底未生已前畢竟在什麼處。云不知。師曰。汝若不知便是生大。今生且限百歲。百歲後汝待要飛出三千大千世界外去。須是與他入棺材始得。當爾之時四大五蘊一時解散。有眼不見物。有耳不聞聲。有箇肉團心分別不行。有箇身火燒刀斫都不覺痛。到這裡歷歷孤明底卻向什麼處去。云昂也不知。師曰。汝既不知便是死大。故曰。無常迅速生死事大。便是這箇道理。這裡使聰明也不得。記持也不得。我更問。汝平生做許多之乎者也。臘月三十日將那一句敵他生死。須是知得生來死去處分曉始得。若不知即是愚人。昂方心伏，始知無言無說處一切非是。因別參請。未幾頓有所得。

二十一、大乘入楞伽經節出

1　爾時大慧菩薩普觀未來一切衆生。復請佛言。願爲我說具修行法。如諸菩薩摩訶薩成大修行。佛言。大慧。菩薩摩訶薩具四種法。成大修行。何者爲四。謂觀察自心所現故。遠離生住滅見故。善知外法無性故。專求自證聖智故。若諸菩薩成此四法。則得名爲大修行者。大慧。云何觀察自心所現。謂觀三界唯是自心。離我我所無動作無來去。無始執著過習所熏。三界種種色行名言繫縛身資所住分別隨入之所顯現。菩薩摩訶薩如是觀察自心所現。大慧。云何得離生住滅見。所謂觀一切法如幻夢生。自他及俱皆不生故。隨自心量之所現故。見外物無有故。見諸識不起故。及衆緣無積故。分別因緣起三界故。如是觀時。若內若外一切諸法皆不可得。

知無體實遠離生見。證如幻性即時逮得無生法忍。住第八地。了心意意識五法自性二無我境。轉所依止獲意生身。大慧言。世尊。以何因緣名意生身。佛言。大慧。意生身者。譬如意去速疾無礙。名意生身。大慧。譬如心意於無量百千由旬之外。憶先所見種種諸物。念念相續疾詣於彼。非是其身及山河石壁所能爲礙。意生身者亦復如是。如幻三昧力通自在諸相莊嚴。憶本成就衆生願故。猶如意去生於一切諸聖衆中。是名菩薩摩訶薩得遠離於生住滅見。大慧。云何觀察外法無性。謂觀察一切法。如陽焰如夢境如毛輪。無始戲論種種執著。虛妄惡習爲其因故。如是觀察一切法時。即是專求自證聖智。大慧。是名菩薩具四種法成大修行。汝應如是勤加修學。

二十二、佛說如幻三昧經節出

1 善住意天子問文殊師利曰。假使人來欲得出家爲沙門者。當何以化何除鬚髮何受具戒。云何教授令自謹愼。文殊師利報善住意天子。設使有人來詣我所爲沙門者。夫族姓子。若不發心欲得出家。我乃令卿作沙門耳。所以者何。其有建志欲出家者。心無所歸。其無歸所亦無有來。其無從來則無往者。住一切法無所斷絕則住無本。其住無本遊於法界而不動轉。其於法界無所動者則則不得心。其不得心不願出家。其不願出家則不發心爲沙門也。其不發心爲沙門者則無所生。其無所生則盡衆苦。其盡衆苦則究竟盡。其究竟盡則無所盡，無所盡者則不可盡。其不可盡此無所行。天子解是。當爲其人解如此義。其詣我所求欲出家。語族姓子勿得發心作沙門也。所以者何。心本無起便離闇冥。文殊師利復謂善住意天子。假使有人詣我所求欲出家。吾當爲說。卿族姓子不除鬚髮。乃爲善備沙門之業。善住意問文殊師利。所言何謂。文殊答曰。如來說法無所除去亦無所壞。又問。何所不除。答曰。不除於色亦無所壞。不除受想行識亦無所壞，假使念言。我除鬚髮則住吾我計己有身。不計吾我不自貪身則平等見也。貪著己身乃計鬚髮則成衆生。想念除去其不得我不得他人。不我不彼則無吾我。其無吾我不計有身。則除鬚髮無思無想。其無思想。無應不應不住若干。其不住若干則無言教，其無言教。無進不進無雙無隻。不貪己身不披袈裟其袈裟者。其無穢垢則無所有。其無所有則無所住。其無所住則爲曠然。其曠然者乃爲出家。

2 天子復問文殊師利。何謂比丘慕於修行而獨宴處。文殊答曰。假使分別諸法一等一種門相者。譬如虛空。悉無所行皆無衆生，是謂修行。又修行者。不處今世不由後世。在於三世皆無所行。至一切法亦無所行。悉了諸法虛僞無實。是謂修行。其修行者。則於諸法無雙無隻無應不應。是謂修行。時彼衆會無央數人。心懷沈吟悉生疑結。此爲何謂。當奉何行。何因申暢。如來至真等正覺。演三脫門得至泥洹若能造證三十七道品之法致滅度矣。文殊師利。今者所說。將無倒教亂法之兆。文殊師利。尋時皆知此諸比丘一切衆會心所懷疑。告舍利弗。唯卿仁者，爲衆重任咸共信之。最大智慧如來所歎。又賢者。身離欲塵法而以造證。仁者。久如逮成四諦得造證乎三十七品及三脫門也。舍利弗曰不也。我不得法。當可造立思惟其義及修行者。所以者何。一切諸法悉無所受亦無所生。空無言教空不證空。說是語時。三萬比丘漏盡意解。

3　天子又問文殊。何所章句爲最元首。答曰。如是句者我是元首。又問何謂。文殊答曰。若有菩薩於一文字一章句義而不動者。章句猶歸分別四義。何謂爲四解章句。一常如審諦。二了空義知爲恍忽。三分別無形悉無所生，四於諸所知不以爲知不以爲患。不造二事。是諸章句最爲元首。時佛嗟嘆文殊師利。善哉善哉。乃能班宣逮總持義。文殊白佛。我無總持。所以者何。無所得故無可執持。愚頑凡夫乃逮總持。諸佛菩薩無所獲致。所以者何。其迷惑者多所執持。何所持乎。依於吾我著人壽命。執持斷滅及計有常。執壞貪婬瞋恚愚癡。親抱所有恩愛貪身。自見五陰四大及諸入。思想多念而反求望。墮若干見六十二疑。有所獲致而急執持。是故世尊。愚頑凡夫逮得總持。所以者何。愚夫懷法在心念者。諸佛世尊悉無所持。聲聞緣覺諸菩薩等亦復若茲。是故愚夫逮得總持。於是善住意天子問文殊師利。如向者說不得總持。當以何意化於五趣。答曰。其五趣者無所爲作。所以者何。吾以消除五趣終始。令其所趣不知處所。諸佛緣覺聲聞所趣。愚頑凡夫所不能趣。所以者何。愚夫比數墮於生死。諸明智者消除諸趣。道跡亦然不離生死。況於愚頑凡夫士乎。是故吾身消除諸趣不得總持。所以者何。無所獲致當何持也。

4　善住意天子。又問文殊師利。所言沙門爲何謂乎。文殊答曰。非沙門非梵志乃爲沙門。所以者何。不著欲界。不倚色界。不處無色。吾乃謂此爲沙門耳。若眼耳鼻口身意不穿漏者乃爲沙門。其無志性不與情合。無有因緣亦無不緣。乃爲沙門。又復天子。其不著法不著非法。其行寂然無是非心忽然無跡。是謂沙門。何者然耶。其因緣法報應之宜妄從是生。是諸法者亦復虛僞。其不著者無縛無脫是謂沙門。其無有往亦不還反。無進無退無瘡無瘢無傷無完。是則名曰淨修梵行。是故我言。非沙門非梵志乃爲沙門。

二十三、文殊菩薩問法身經節出

1 文殊問佛。持何法教學。佛言。我所教不壞色痛痒思想生死識。無所壞。亦不教壞淫怒癡。令得不可計數法。以是法教作佛道者。我用是故自致得佛。佛語文殊。無所壞法故致佛。無所得法能成佛。佛者則法身。諸種力無所畏，悉法身之所入。所以者何。莫能分一身者。而爲法身。法身無有數。何以故。不言是凡人是不凡人。法身等無差特無所散。身是爲法身。譬如四瀆悉歸於海合爲一味。若干名法爲一法身。諸所有種各各有名。合會衆之名曰穀。若俗事道事。悉合爲一法身。所以者何。不可指示。是爲俗事。道事亦不可說。是俗事身是爲法身。亦不可見視。如我所說法身。其有信二。知者所作衆惡悉以除盡。文殊言。於法身亦不見。生天上亦不見。在人間亦不見。在三道。亦不在泥洹。佛語文殊。今若所說乃爾。若有人問汝者。佛現在說有五道。何當以解之。文殊言。譬若如人臥中。見人泥犂。若作禽獸薜荔。上在天上若在人中。覺者無所見。其法身無所著。所以者何。但有數故。數者墮俗。若羅漢辟支佛。上至佛俱等一法身。所以者何。不可分別故。譬如若干種寶可別知。法身而不別。所以者何。不可別故。無生無死故。法身無所生無所滅。所以者何。常住故。亦無有垢。亦無有淨。所以者何。無有過者。亦無脫亦無所脫。佛者無所不知。復問文殊。知法身不。文殊言。若得者可知。佛問文殊。乃知世間所在處否。則言知。佛言何所是。文殊言。其化人處世。在是世間者。但有名求如毛際。而無爲我說者。其世亦不離法身。佛復問。世所在何所。文殊言。譬如雲所在無所在。亦不羸亦不强。是則世世之相。佛問文殊。汝謂我滅不。文殊言不。何以故。法身無有生。若有生乃有滅。法身者不生故。知佛而不滅。

二十四、佛說如幻三摩地經節山

1　勝華藏菩薩摩訶薩白佛言。世尊。菩薩摩訶薩云何得不退轉於阿耨多羅三藐菩提。成就五神通。得如幻三摩地。得是三摩地已。諸有衆生善根成熟。即以自神力。如應現化。隨諸衆生所起信解。即爲說法。而令速證阿耨多羅三藐三菩提。佛告勝華藏菩薩摩訶薩言。善哉善哉。勝華藏。汝今善問如是等義。汝於過去。已曾親近俱胝那庾多百千諸佛。於諸佛所深種善根。而復能爲一切衆生。起悲愍心。汝應諦聽。今爲汝說。于是勝華藏菩薩受教而聽。佛言。勝華藏。當知有一法若菩薩摩訶薩能具足者。即得如幻三魔地，得是三摩地已。諸有衆生善根成熟。即以自神力如應現化。隨諸衆生所起信解。即爲說法。而令速證阿耨多羅三藐三菩提。勝華藏。所言一法者。謂無依止法。若菩薩摩訶薩成就此法已。乃至遍三界中不作依止想。若內若外悉無依止。由如是故。即具正見。以正見故。得正相應及正所行。是故獲得無障礙慧。慧無礙故。心亦無礙。於無礙心中即起正行。勝華藏。云何菩薩能起正行。謂了一切法悉從緣生。於緣生法中。無有少法而實積聚。何以故。以彼諸緣皆不實故。是中云何有法可生。若法緣生。即是無生。是故一切法皆悉無生。菩薩若能如實了知一切法無生。即得成就諸菩薩道。所有一切衆生根欲及事。能以悲心而悉隨入。得深信解。了知一切法悉如幻化。乃至分別一切法皆是化事。以彼分別畢竟空故。而一切法亦復皆空。如是知已。即得如幻三摩地。得是三摩地已。乃至能令衆生速證阿耨多羅三藐三菩提。

二十五、入法界體性經節出

爾時世尊。知而故問文殊師利言。汝知法界耶。文殊答。如是世尊。我知法界即是我界。佛復問文殊師利。汝知世間耶。文殊師利言。世尊如幻化人所作處。是世間處。世尊。世間者但有名字，無實物可見。說名世間行。世尊。然我不離法界見於世間何以故。無世間故。如世尊問言。世間何處行者。所謂色性不生不滅。彼行亦不生不滅。如是受想行識。此識性不生不滅。如是行亦無生無滅。世尊。如是一相所謂無相。佛復問言。文殊師利。汝豈不作是念。若現在如來阿羅訶三藐三佛陀。當滅度耶。文殊師利答言。世尊。豈可法界有已修集未修集也。法界既無修集。云何得有滅不現耶。佛言文殊師利。於汝意云何。過去諸佛。如恆伽沙等已滅度。汝豈不信耶。文殊師利言。世尊。我信諸如來皆已涅槃。見彼出處故。佛言文殊師利。於汝意云何。欲使諸凡夫死已更生也。文殊師利言。世尊。我尚不見有凡夫。何有更生耶。佛問文殊師利言。汝於佛前樂聽法也。文殊師利言。世尊。我亦不見樂不樂相。佛言文殊師利。汝豈不樂法界耶。文殊師利答言。世尊。我不見有一法非法界者。更何所樂。佛言文殊師利。若慢者聞汝說。生大恐怖。文殊師利言。世尊。若慢者生怖。實際亦生恐怖。其實際不恐怖故。即一切諸法皆無恐怖。以無修作故。此是金剛句。佛言文殊師利。何故名此爲金剛句。文殊師利言。世尊。諸法性不壞。是故名金剛句。世尊。如來不思議句。是諸法不思議，是金剛句。佛言文殊師利。何故復名此爲金剛句。文殊師利言。世尊。諸法無思故。是金剛句。世尊。諸法是菩提。是金剛句。佛言文殊師利。何故復名此爲金剛句。文殊師利言。世尊。一切法無所有。但有名字言說。諸法無此無彼。皆無所有。此彼無所有者。即是如。若是如者則是真實。若是實者彼則是菩提。是故得名爲金剛句。文殊師利言。世尊。一切諸法是如來境界。是金剛句。佛言文殊師利。何故名此爲金剛句。文殊師利言。世尊。諸法自性本來寂靜故。是金剛句。佛告文殊師利。汝可喚阿難陀比丘來。令受持此法本句。文殊師利言。世尊。我於中不見有一法可說可聽。世尊。我實不見一字有其說處。何有多句而可持乎。佛言。善哉善哉。文殊師利。汝善說此語。真是法界實際。

二十六、佛說決定毗尼經節出

1 爾時文殊師利在大衆中。前白佛言。世尊。一切諸法究竟比尼誰受比尼。佛告文殊。若諸凡夫悉能了知。一切諸法究竟比尼。如來終不演說比尼。以不知故。如來爾時爲令覺知一切諸法究竟比尼。漸次爲說諸比尼法。爾時優波離白佛言。世尊。此文殊師利。於此解說比尼決定之義而無所說。爾時世尊告文殊師利。汝今應當解說究竟比尼之法。此優波離。欲得聞於比尼之義。爾時文殊師利語優波離言。一切諸法究竟無垢能自調心。乃能得見究竟比尼。一切諸法無有諸纏淨其本性。乃能得見究竟比尼。一切諸法無有染汙我不可得。乃能得見無悔比尼。如如眞實億萬法門欣樂修學。乃能得見清淨學戒。一切諸法無有分別。無縛無解不作思惟。

乃能得見無有縛者。一切諸法無住無染不作留住。乃能得見諸法清淨。一切諸法住虛空際離諸處所。乃能得見所作清淨。一切諸法逮無門諍。前際後際不可得故。乃能得見三世平等。一切諸法離諸施設心無所行。乃能得見斷於疑結。優波離。是則名爲究竟比尼法界。諸佛世尊從此得道。若能籌量觀察此法。是名善學逮最勝戒。若不觀此法。是則不名深入如來所學之法。

二十七、文殊師利所說不思議佛境界經節出

1　爾時須菩提白文殊師利菩薩言。大士。汝今說此菩薩所行。非諸世間所能信受。文殊師利菩薩言。大德。我今爲欲令諸衆生永出世間。說諸菩薩了達世法出離之行。須菩提言。大士。何者是世法。云何名出離。文殊師利菩薩言。大德。世間法者所謂五蘊。其五者何。謂色蘊、受蘊、想蘊、行蘊、識蘊。如是諸蘊。色如聚沫。受如浮泡。想如陽焰。行如芭蕉。識如幻化。是故此中無有世間亦無諸蘊及以如是言說名字。若得是解、心則不散。心若不散，則不染世法，若不染世法。即是出離世間法也。復次大德。五蘊法者。以因緣有。因緣有故則無有力。無力則無主。無主則無我我所。無我我所則無受取。無受取則無執競。無執競則無諍

論。無諍論者是沙門法。沙門法者知一切法。如空中響。若能了知一切諸法如空中響，即是出離世間法也。復次大德。此五蘊法同於法界。法界者則是非界。非界中。無眼界無色界無眼識界。無耳界無聲界無耳識界。無鼻界無香界無鼻識界。無舌界無味界無舌識界。無身界無觸界無身識界。無意界無法界無意識界。此中亦無地界水界火界風界虛空界識界。亦無欲界色界無色界。亦無有爲界無爲界。我人衆生壽者等。如是一切皆無所有。定不可得。若能入是平等深義，與無所入而共相應。即是出離世間法也。說是法時。會中比丘二百人。永盡諸漏心得解脫。

二十八、大寶積經文殊授記會解出

1　爾時師子勇猛雷音菩薩。白文殊師利言。仁者發菩提心來為幾時耶？文殊師利言。止、善男子，莫生妄念。若有於無生法中。說如是言。我發菩提心。我行菩提行。為大邪見。善男子。我都不見有心發向菩提。以不見心及菩提故。是故無發。師子勇猛言。文殊師利。都不見心。是何句義。文殊師利言。善男子。是都不見說名平等。又問云何說為平等。答言善男子。如是平等以種種性皆無所有。彼彼諸法一味故說。一味說者。所謂離故無染無淨。不斷不常。不生不滅。無我無受。不取不捨。如是說法不念我說亦無分別。善男子。於此平等法中。了知修行。是名平等。復次善男子。若菩薩入此平等。都不見有種種界若一若多。於平等中不見平等。於相違中不見相違。以彼本來性清淨故。爾時師子勇猛雷音菩薩白佛言。世尊。此文殊師利不肯自說發心久近。此諸大衆皆樂欲聞。佛言。善男子。文殊師利是甚深忍者。於甚深忍中菩提及心皆不可得。以不可得是故不說。

2　爾時師子勇猛雷音菩薩。白文殊師利言。仁者已滿足十地及如來十力。一切佛法悉皆圓滿。何故不成阿耨多羅三藐三菩提。文殊師利言。善男子。無有圓滿諸佛法已更證菩提。何似故。已圓滿故不應更證。師子勇猛言。云何圓滿諸佛法耶。答言。佛法圓滿如真如圓滿。真如圓滿如虛空圓滿。如是佛法真如虛空亦無有二。善男子。如汝所言。云何圓滿諸佛法者。如色圓滿乃至識圓滿。佛法圓滿亦復如是。師子勇猛言。何者是色等圓滿。文殊師利言。善男子。於意云何。汝所見色是常耶。是無常耶。答言不也。文殊師利言。善男子。若法非常非無常。彼有增減耶。答言不也。文殊師利言。善男子。若法不增不減是名圓滿。云何圓滿。若於諸法不能了知則生分別。若能了知則無分別。若無分別則無增減。若無增減此則平等。是故善男子。若見色平等即是色圓滿。受想行識及一切法圓滿亦復如是。爾時師子勇猛雷音菩薩。白文殊師利言。仁者得法忍來。無一念心願成正覺。而今何故乃勸餘人令向菩提。文殊師利言。我實不曾勸一衆生令趣菩提。何以故。衆生無所有故。衆生性自離故。若衆生可得則令向菩提，既不可得故無所勸。何以故。平等無分別故。非以平等而求平等。亦無所起。是故常說。應觀諸行。來無所從去無所至。是名平等。則是性空。於性空中而無所求。善男子。如汝問我得忍已來。無一念心當得菩提者。善男子。汝見彼心耶。而以此心得菩提耶。師子勇猛言。不也。文殊師利。何以故。以心非色不可見故。菩提亦爾但是名相。若心名若菩提名。皆無所有。文殊師利言。善男子。如汝說我不生一念得菩提者。是密意說。何以故。以心本來無有生故。是故無生。既無有生。何得何證。師子勇猛問言。云何名為平等證入。答言。於諸法中無繫著者名平等證。言證入者。彼微細智亦不生滅。與真如無異。無可分別。是名證入。若正見修行者於平等中無一法可得。離種種性亦不著一。是名證入。若以身證諸法無相。明了彼相。所謂無相。而於身心亦不執著。是則名為圓滿證入。師子勇猛問言。云何名得。文殊師利言。善男子。以世間言說名之為得。諸聖所得非言能說。何以故。法無依止離言說故。復次善男子。以無得為得。亦非得非不得。說名為得。

二十九、大寶積經破二乘相品節出

1 爾時文殊師利復語善住意天子言。天子。我今更以不受具戒。則名真出家。如是教曰。諸善男子。汝今若能不持禁戒。如是則爲真實持也。善住意言。大士。以何義故作如斯說。文殊師利言。天子。一切諸法悉無所取。故無可持。云何此戒而獨有持。天子。戒若可持則持三界天子。於汝意者以何爲戒。善住意言。大士。若能具足波羅提木叉者。是名爲戒。文殊師利言。天子。云何名爲波羅提木叉。善住意言。大士。所謂持身及以口意三業具足。是則名爲波羅提木叉也。文殊師利言。天子。於意云何。今是現前。何處有是身業可作。如是過去未來亦無有作。彼皆無作。無有像貌可得言有。或青或黃或赤或白及頗梨色耶。善住意言。不也。大士。

文殊師利言。天子。彼名何等云何而說。善住意言。彼名無爲實不可說。如是乃至意作亦然。文殊師利言。天子。於意云何。彼無爲者可作有爲乎。善住意言。不也。大士。文殊師利言。天子。以是義故我如斯說。彼若不持名真持戒。天子。若言增上戒學。增上心學。增上慧學者。爲學實際。當如是知。無所持故言增上戒學。無所知故言增上心學。無所見故言增上慧學。如是心不分別故。不憶念故。不生殊異故。名最上心學。如心學戒慧亦爾。天子。若不得心則不念戒。若不念戒則不思慧。若不思慧。則無復起一切疑惑。既無疑惑則不持戒。若不持戒。是則名爲真持戒也。天子當知。彼持戒者則無所欲。無所欲故則無退還。無退還故彼則清淨。彼清淨故則得解脫。彼解脫故則得精進。彼精進故則無有漏。彼無漏故則住正行。住正行故則無像貌。無像貌故即是虛空。何以故。以彼虛空無形相故。是故天子。若有人能如是學者。則爲不學。彼無學故則爲真學。於何處學謂無處學。云何無處。謂空平等。天子若能正住空平等者。是則名爲真住戒學。爾時文殊師利復語善住意天子言。天子。若人能作如是出家如是受具。我復教彼如是言曰。諸善男子。汝今若能受彼一切三千大千世界篤信檀越供養衆具。而能於中不起分別不念報恩。是乃名爲清淨持戒。善住意言。大士。以何義故作如斯說。文殊師利言。天子。所謂若人取彼施者受者財物三事故。是爲報恩。又若見彼是爲報恩。若思惟彼是爲報恩。若分別彼是爲報恩。天子。若不見彼不取彼。不思惟彼不分別彼者。有何可報。何以故。以從本來畢竟清淨。如是報故。天子。彼若取若見。若思惟若分別及念報者。是謂凡夫。非阿羅漢。所以者何。是諸凡夫。於一切時常行取著。思量分別。此受彼與。彼垢此淨。以是分別故有報恩。云何報恩。謂諸凡夫。於生死有取後生身。是故於彼欲行報恩。天子。諸阿羅漢不受後有。畢竟不見。不思量不分別。無有此彼。更不受身。當於何處而報恩也。天子。若受彼施當行三淨然後乃受。何謂三淨。一不見己身即無施者。二不見他人即無受者。三不見財物即無施事。天子。如是三淨則畢竟淨。如斯淨已復何用報。天子。以是義故我如是說。若受三千大千世界篤信檀越一切衆具。不分別不念報者。是名世間真勝福田。是真出家。是淨持戒。時彼善住意天子。復白文殊師利言。大士。何等名爲禪行比丘耶。文殊師利言。天子。若彼比丘。於一切法但取一行。極隨順者。所謂無生。是爲禪行。又復無有少法可取。是爲禪行。又不取何法。所謂不取此世彼世。不取三界。乃至不取一切諸法。如是平等。是爲禪行。天子。如禪行者。乃至無有一法相應。無合無散。是爲禪行。爾時彼會大衆。多有無量百千衆生。咸有疑心。今此文殊師利。所說如是。如何得與聖說相應。所以者何。世尊恆說。若人能入三解脫門。名爲涅槃。又如佛說。若有修行三十七種助菩提法。便證涅槃。然而今者。文殊師利。更加是說不應修。是助菩提行。亦莫入彼三解脫門。將非文殊師利虛妄說耶。於是文殊師利。知諸比丘及以衆會咸皆有疑。即語尊者舍利弗言。大德。汝於今者。最可證信世尊記汝智慧第一。大德。汝於何時證離欲法。且當證法時。豈不見四諦耶。舍利弗言不也。豈不修三十七助菩提分法耶。曰不也。豈不入三解脫門耶。曰不也。大士。我於爾時乃至無有一法可見可除可修可證可選擇者。所以者何。一切諸法。無爲無生無言是空。若是空者。有何可證。說此法時。衆中有三萬比丘。於法漏盡心得解脫。

三十、文殊師利問菩提經節出

1　爾時世尊入諸佛甚深三昧。如實諦觀諸法性相而作是念。我得阿耨多羅三藐三菩提。得一切智慧除諸重擔度三有險道。滅無明得真明。拔邪箭斷渴愛。成法船擊法鼓吹法螺建法幢。轉生死種示涅槃性。閉塞邪道開於正路。離諸惡業示于福田。我今當觀誰得阿耨多羅三藐三菩提。爲以身得。爲以心得。若以身得。身則無知無作如草木瓦石。四大所造從父母生。以衣服飲食臥具澡浴而得存立。必歸敗壞無常磨滅。而是菩提但有名字世俗故說。無形無色無定無相無向無入無道。過諸言說出於三界。無見無聞無覺無知。亦無所得亦無戲論。無問無示無有文字無語言道。若以心得。心從衆緣生。衆緣生故空如幻。無處無相無性亦無所有。於是中得菩提者。所用法得阿耨多羅三藐三菩提。是法皆空但有名字。以世俗故而有言說。是皆憶想分別。實無所有無有根本亦無體相。無受無著無染無離。一相所謂無相。是故於此法中無有得者。無所用法亦無菩提。如是通達。是則名爲阿耨多羅三藐三菩提。爾時文殊師利法王子。在大會中立佛右面。執大寶蓋以覆佛上。時文殊師利默知世尊所念如是。即白佛言。世尊。若菩提如是相者。善男子善女人云何發心。佛告文殊師利。善男子善女人。當隨菩提相而發其心。世尊。菩提相者當云何說。佛告文殊師利。菩提相者。出於三界過世俗法。語言道斷滅諸發無發。是發菩提。文殊師利。是故菩薩應滅諸發發菩提心。無發是發菩提。發菩提心者。如如法性相如實際。無分別不緣身心。是發菩提。不著諸法不增不減不異不一。是發菩提。如鏡中像如熱時焰。如影如響如水中月。應當如是發菩提心。

國家圖書館出版品預行編目資料

圓頓心要／玄妙法師輯錄. -- 初版. -- 新北市：華夏出版有限公司, 2023.05

面；　公分. --（圓明書房；08）

ISBN 978-626-7134-82-5（平裝）

1.CST: 佛經

221.09　111021613

圓明書房 008

圓頓心要

輯　錄	玄妙法師
印　刷	百通科技股份有限公司 電話：02-86926066 傳真：02-86926016
出　版	華夏出版有限公司 220 新北市板橋區縣民大道 3 段 93 巷 30 弄 25 號 1 樓 電話：02-32343788　傳真：02-22234544
E-mail：	pftwsdom@ms7.hinet.net
總 經 銷	貿騰發賣股份有限公司 新北市 235 中和區立德街 136 號 6 樓 電話：02-82275988　傳真：02-82275989 網址：www.namode.com
版　次	2023 年 5 月初版一刷
特　價	新臺幣 360 元（缺頁或破損的書，請寄回更換）

ISBN-13：978-626-7134-82-5